デイリー＆アニバーサリーの
ベビーニットこもの

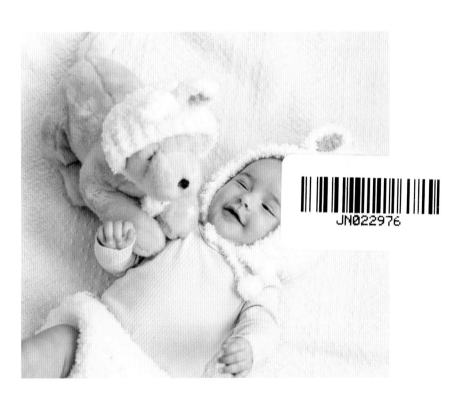

JN022976

日本文芸社

Contents

Chapter 2

Anniversary knit

アニバーサリーニット

Model

Reina Aee

レイナ・エー

1才6か月

頭まわり約47cm

Hanzo Bejarno

ハンゾウ・ベハルノ

9か月

頭まわり約42cm

Ana Maestra

アナ・マエストラ

5か月

頭まわり約42.5cm

Miina Olson

ミイナ・オルソン

3か月

頭まわり約41cm

使用上の注意 紐がついているアイテムを赤ちゃんに着用させる際は、
安全に十分注意してご使用ください。
ヘアピンなどの小さな作品は誤飲にご注意ください。

Chapter 1

Daily

knit

ちいさな赤ちゃんが日常づかいしやすい
アイテムを集めました。
手編みならではの、ふっくらとした
あたたかみのある風合いをお楽しみください。

ねこ耳ボンネット

ねこ耳がついた可愛らしいボンネット。
優しく包み込んでくれてあたたかく、
チンベルトでぴったり装着。

How to make ▶ p.42

サイズの目安

A：0～3か月
B：6か月～1才

nekomimi bonnet

ベーシックなニット帽

はじめての手編みには、ベーシックな
ニット帽がおすすめ。基本の編み方2種のみで、
すいすい編み上げられます。

How to make ▶ p.39

B

A

basic beanie

サイズの目安

A：0〜3か月
B：3か月〜6か月

Daily knit

design : blanco

straw hat

むぎわら帽

きゅっと結んだリボンがおしゃれなむぎわら帽。
帽子のツバはコンパクトに仕上げ、
抱っこのときも快適に。

How to make ▶ p.45

A

B

サイズの目安

A：3か月〜6か月
B：6か月〜1才

アニマル耳あて付き
ニット帽

お外で遊ぶことが増えてきたら、
ふわふわの耳あて付き帽子がおすすめ。
うさぎさんとくまさんにお子さまもきっと大喜び！

How to make ▶ p.47

animal earmuffs

B

A

サイズの目安

A：6か月〜1才
B：1才〜

motif

bridging collar

サイズの目安

A：6か月〜1才
B：1才〜

つけ襟

おめかししたい日は、モチーフつなぎのつけ襟を。
ニットにスウェットに、
オールシーズン活躍するアイテムです。

How to make ▶ p.49

あみぐるみ & お洋服

生まれてくる赤ちゃんのために編む、

はじめてのおともだち。

お洋服はお子さまとおそろいの色で編んでみて。

How to make ▶ p.51

amigurumi &
clothes

hairpin

ヘアピン

女の子の定番アイテム、
ヘアピンもかわいく編めます。
のびてきた前髪にちょこんと留めて。

How to make ▶ p.54

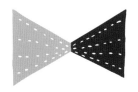

Chapter 2

Anniversary

knit

お誕生日、こどもの日、お正月……と、
フォトイベントが多い赤ちゃんの
特別な日のために編むおくりもの。

なりきりアニマル

ふわふわのボンネット＆パンツは、
お好みの耳と色を選んで作ってみて。ボンネットは
ワンちゃん用もあるので、おそろいで記念写真を撮っても◎。

How to make ▶ p.55

サイズの目安

A：0〜3か月
B：1才〜
C：犬用

narikiri animal

花冠

やさしい色合いの春夏カラーと
こっくりとした秋冬カラーで仕上げた美しい花冠。
大きくなっても、ずっと大切にしたいおくりものです。

How to make ▶ p.59

サイズの目安

フリーサイズ

corolla

bouquet

花束

バラ、ダリア、マーガレットを束ねた
華やかな花束は、花冠（p.22）と編み図共通。
編む糸の太さを変えると、
大きなお花も編める仕様です。

How to make ▶ p.59

ファーストクラウン & ティアラ

記念日フォトに残したい、
王子さま＆お姫さま気分のニットアイテム。

How to make ▶ p.65

first crown

& tiara

バースデーケーキ ＆ パーティー帽ピン

ハーフバースデーやお祝いには手編みのケーキを。
手づくりのアイテムで、記念日を彩りましょう。

How to make ▶ p.74

birthday cake
& party hat

ガーランド

ころんとしたフォルムがかわいい星＆月と、
パステルカラーのフラッグは、
赤ちゃんのお部屋にぴったり。

How to make ▶ p.67

garland

kagami-mochi

鏡餅帽子

お正月には鏡餅の帽子で日本の行事を楽しんで。
思わず年賀状に使いたくなる
チャーミングな写真になります。

How to make ▶ p.69

setsubun costume

サイズの目安

1才～

節分コスチューム

オニになりきれる手編みのコスチューム。
ツノは、兄妹やワンちゃんと
色違いで編んでも◎

How to make ▶ p.71

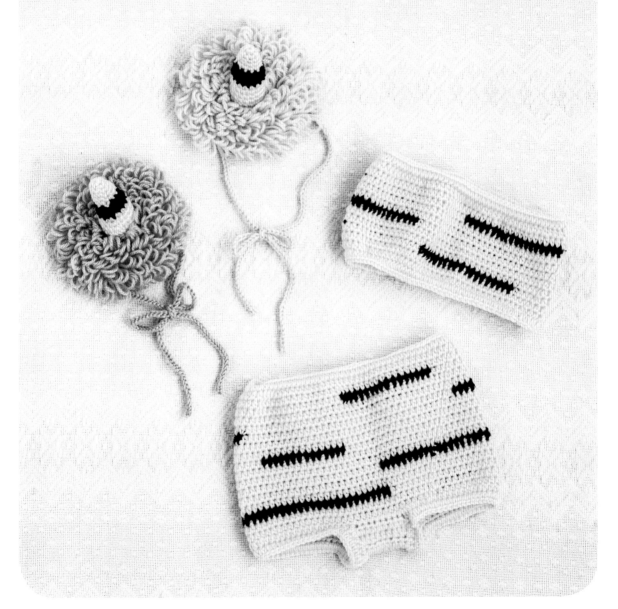

兜

編み地を折り紙のように折って
組み立てて作る兜。
編んで撮って、季節のイベントを楽しんで。

How to make ▶ p.64

サイズの目安

フリーサイズ

kabuto

材料と道具

用意する道具 　棒針編みとかぎ針編みに使用する道具を紹介します。

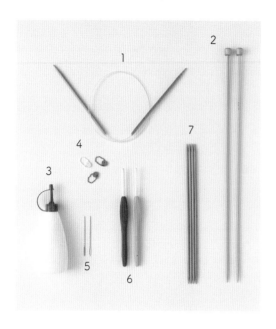

1. 輪針

棒針編みに使用。2本の棒針をコードでつないだ輪状の棒針。編む糸の太さによって使用する針の号数と長さが異なります。編みたい作品の指定の号数を確認しましょう。表側を見ながらぐるぐると螺旋状に編み進めます。

2. 玉付き2本棒針

棒針編みに使用。針の先の玉は編むときに糸が針から抜けるのを防ぎます。

3. 布用接着材

布専用の接着剤は、パーツの接着や仕上げに使用します。

4. 段数マーカー

棒針編みで使用。段数を数えるときに編み地に引っかけて使用します。

5. とじ針

かぎ針編み、棒針編みともに使用。編み終わりの糸の始末やモチーフをとじつけるときに使用します。

6. かぎ針

かぎ針編みに使用。編む糸の太さによって使用する針の号数が異なります。編みたい作品の指定の号数を確認しましょう。

7. 短4本針

棒針編みで使用。編む糸の太さによって使用する針の号数が異なります。編みたい作品の指定の号数を確認しましょう。減らし目をするときに、3本に目を分けて使用します。

使用する糸 　本書の作品に使用した糸の一部を紹介します。
手編み用糸には、さまざまな種類があります。
本書では、ベビー向け糸、夏糸、冬糸を使用しています。

1. ハマナカ
メリノウールファー

ウール（メリノウール）95％、ナイロン5％／50g玉巻・約78m／全9色／棒針6〜8号

2. ハマナカ
わんぱくデニス

アクリル70％、ウール30％（防縮加工ウール使用）／50g玉巻・約120m／全38色／かぎ針5/0号、棒針6〜7号

3. DARUMA SASAWASHI

分類外繊維（ささ和紙）100％（撥水加工済）／25g玉巻・約48m／全15色／かぎ針5/0〜7/0号

4. ハマナカ　ポームリリー
《フルーツ染め》

綿（ピュアオーガニックコットン）100％／25g玉巻・約78m／全6色／かぎ針5/0号、／棒針5〜6号

5. DARUMA 小巻café デミ

アクリル70％・ウール30％／5g／玉巻・約19m／全30色／かぎ針2/0〜3/0号、棒針2〜3号

6. DARUMA
レース糸 #20

綿（スーピマ）100％／50g玉巻・約210m／全20色／かぎ針2/0〜3/0号

　※製品の情報は2023年5月現在のものです。

How to make ベーシックなニット帽 ▶ 作品 p.08 棒針

 指でかける作り目

1 写真のように左手に糸端側に編む幅の約3倍の長さを残して糸をかける。

糸端側

2 左手のひらを下に向け、右手に棒針2本を持って、図のように糸を拾う。

3 さらに矢印のように右手の針を動かし、糸をすくう。

4 必要な糸をすくったところ。

5 糸を引き絞る。1目めができた。

6 糸端を左手の親指と人差し指にかけ、矢印の順に糸をすくう。

7 親指を外し、糸を引き絞る。〈右〉2目めができたところ。

8 6～7を繰り返し、80目作る。
〈下〉針を1本だけ抜き取る。作り目ができた。

 4本針に分けて、輪で編む

1 糸端と反対側から、約3分の1の目を別の針に移す。

2 3本めの針に、さらに約3分の1の目を移し、3等分する。

3 3本の針で3角形を作り、長い方の糸端を持つ。

4 右手に4本めの針を持ち、作り目の最初の目（★）から表目を編み始める。糸は左針の目の向こう側に置き、矢印のように糸をかけ、引き出す。

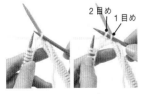

2目め 1目め

5 〈左〉表目が1目編めたところ。〈右〉表目が2目編めたところ。

6 糸を手前に置き、左針の目の向こう側から手前に向けて右針を入れ、手前の糸をかけて、引き抜く。

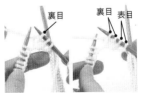

裏目 裏目 表目

7 〈左〉裏目が1目編めたところ。〈右〉裏目が2目編めたところ。5～7を繰り返すと2目ゴム編みが編める。

8 1本めの針を編み終えたところ。針を持ち替えながら、これを繰り返し、指定の段数まで編む。★端の目を2目ずつ隣の針に移し替えながら編むと、きれいに仕上がる。

ベーシックなニット帽

 トップを引き絞る

1 指定の段数まで編めたら、編み終わりの糸を約50cm残して糸を切り、とじ針に通す。左針から目を外し、目をすくう。

2 4目すくったところ。

3 すべての目をすくったところ。

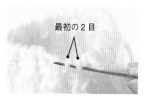

最初の2目

4 1周した後に、最初の目を2目すくっておくと、より糸がゆるみにくく、丈夫に仕上がる。

5 ゆっくり糸を引き絞る。

6 引き絞ったら、表から裏へ糸を通す。

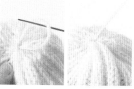

7 裏側で糸端を始末する。裏から出た糸を約2目にくぐらせて、輪に針を通して糸を引き締める。

8 編み地数目に糸端をくぐらせて糸を切る。

 ポンポンを作る

1 約6cmの厚紙に指定の2色の毛糸をまんべんなく120回巻きつける。

2 厚紙から外し、中央を共糸でしっかり引き締めてから結ぶ。
★ここで結び目がゆるいとポンポンの糸が抜けやすくなるため、注意。

3 わになっている部分をカットする。

4 上部のわをカットしたところ。

5 糸玉の直径が6cmになるように、表面を切り揃える。糸玉の芯の結び目をとじ針ですくい、帽子本体にとじつける。

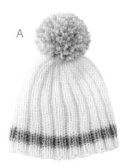

A

B

［糸］ハマナカ　わんぱくデニス
A 0〜3 か月用：きなり（2）28g、イエロー（28）8g
B 3〜6 か月用：ネイビー（20）25g、きなり（2）2g
［針］棒針 6 号 4 本針、
［ゲージ］2 目ゴム編み 24 目、26.5 段 =10cm角
［サイズ］図参照

［ 編み方 ］

作り目、わに編む方法、編み終わりのまとめ方は、p.39、
ボンボンは p.40 の基礎写真を参照。
1　指でかける作り目で目を作り、3 本の針に分けて 2 目ゴ
　　ム編みで編む。
2　編み終わりは残った目に糸を通して絞る。
　　A はボンボンをつける。

A　□=きなり　▨=イエロー　　□=Ⅰ 表目の略　─=裏目

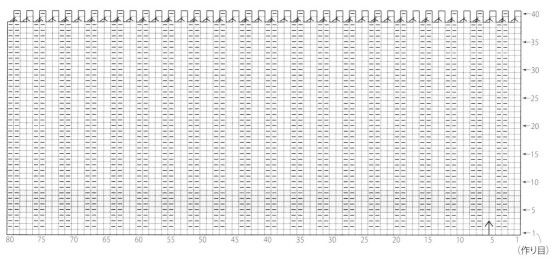

B　▨=ネイビー　□=きなり　　□=Ⅰ 表目の略　─=裏目

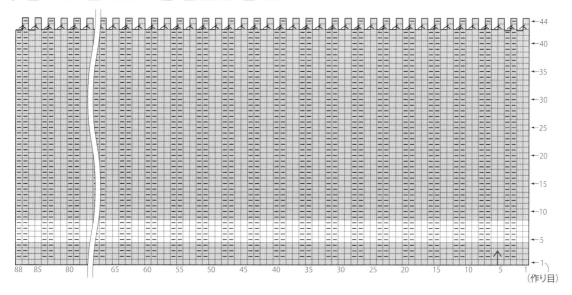

ベーシックなニット帽

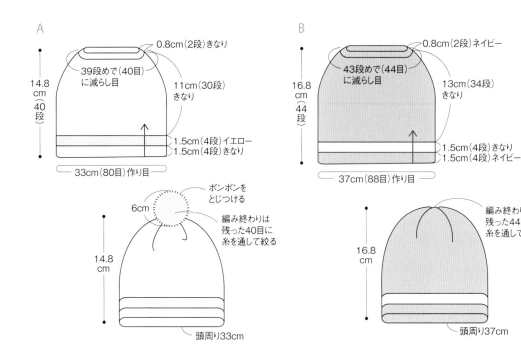

A

14.8 cm (40段)

0.8cm(2段)きなり

39段めで(40目)に減らし目

11cm(30段)きなり

1.5cm(4段)イエロー
1.5cm(4段)きなり

33cm(80目)作り目

ポンポンをとじつける

6cm

編み終わりは残った40目に糸を通して絞る

14.8 cm

頭周り33cm

B

16.8 cm (44段)

0.8cm(2段)ネイビー

43段めで(44目)に減らし目

13cm(34段)きなり

1.5cm(4段)きなり
1.5cm(4段)ネイビー

37cm(88目)作り目

編み終わりは残った44目に糸を通して絞る

16.8 cm

頭周り37cm

ねこ耳ボンネット ▶ 作品 p.06 [棒針]

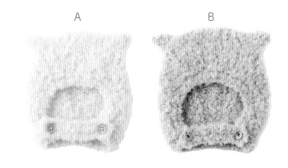

A B

［糸］DARUMA LOOP
A 0〜3か月用：オフホワイト（1）23g、
B 6か月〜1才用：グレイッシュピンク（4）28g
［針］2本棒針10号、8号
［その他］ボタン：直径1.5cm 2個
［ゲージ］メリヤス編み＝12目14段＝10cm角
ガーター編み＝15目20段＝10cm角
［サイズ］図参照

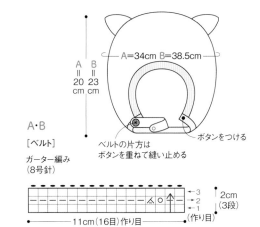

A=34cm B=38.5cm

A = 20 cm B = 23 cm

A・B

[ベルト]
ガーター編み
(8号針)

ベルトの片方はボタンを重ねて縫い止める

ボタンをつける

11cm(16目)作り目

2cm (3段)

(作り目)

編み方

1　指でかける作り目で顔周りの縁編みから、8号針で編み始める。

2　10号針に持ちかえてサイドa、サイドbを編む。サイドbは耳を増し目で作りながら編む。

3　両脇のサイドcの目を休めておき、トップの目を編むときに1目ずつ2目一度で編みつなぐ。

4　首回りに縁編みを編み、編み終わりは伏せ止めする。

5　ベルトを編み、ボタンをつける。

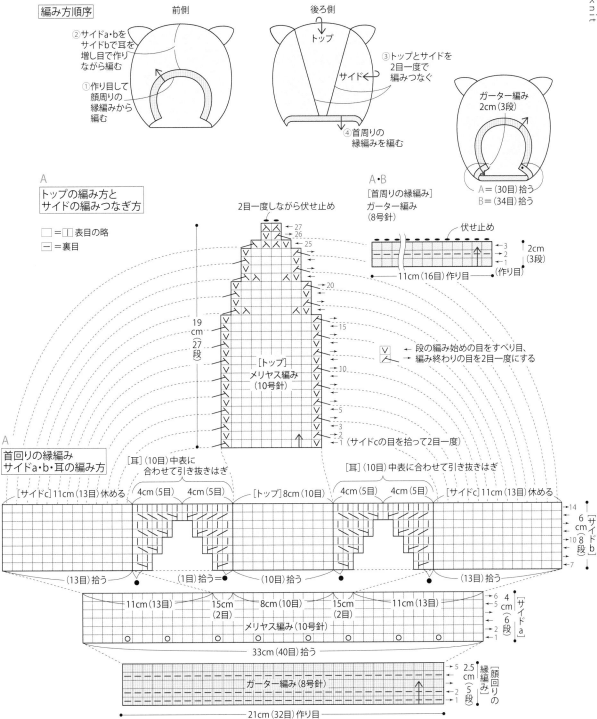

編み方順序

前側

②サイドa・bを
サイドbで耳を
増し目で作り
ながら編む

①作り目して
顔周りの
縁編みから
編む

後ろ側

トップ

③トップとサイドを
2目一度で
編みつなぐ

サイド

④首周りの
縁編みを編む

ガーター編み
2cm（3段）

A＝（30目）拾う
B＝（34目）拾う

A

トップの編み方と
サイドの編みつなぎ方

□＝│ 表目の略
－＝裏目

2目一度しながら伏せ止め

［トップ］
メリヤス編み
（10号針）

19cm（27段）

A・B

［首周りの縁編み］
ガーター編み
（8号針）

伏せ止め

2cm（3段）

11cm（16目）作り目

（作り目）

Ⅴ← 段の編み始めの目をすべり目、
／← 編み終わりの目を2目一度にする

（サイドcの目を拾って2目一度）

A

首回りの縁編み
サイドa・b・耳の編み方

［サイドc］11cm（13目）休める

［耳］（10目）中表に
合わせて引き抜きはぎ

4cm（5目） 4cm（5目）

［トップ］8cm（10目）

［耳］（10目）中表に合わせて引き抜きはぎ

4cm（5目） 4cm（5目）

［サイドc］11cm（13目）休める

6cm（8段）

［サイドb］

（13目）拾う

（1目）拾う＝●

（10目）拾う

（13目）拾う

11cm（13目）

15cm（2目）

8cm（10目）

15cm（2目）

11cm（13目）

4cm（6段）

［サイドa］

メリヤス編み（10号針）

33cm（40目）拾う

ガーター編み（8号針）

2.5cm（5段）

［顔回りの縁編み］

21cm（32目）作り目

ねこ耳ボンネット

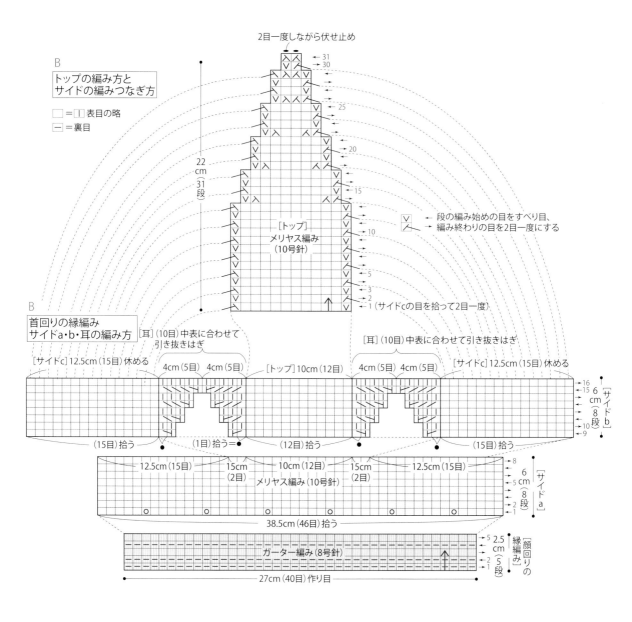

B
トップの編み方と
サイドの編みつなぎ方

□ =「I」表目の略
― =裏目

2目一度しながら伏せ止め

← 31
← 30

← 25

← 20

← 15

[トップ]
メリヤス編み
(10号針)

V ← 段の編み始めの目をすべり目、
入 ← 編み終わりの目を2目一度にする

← 10

← 5
← 3
← 2
← 1(サイドcの目を拾って2目一度)

22
cm
(31
段)

B
首回りの縁編み
サイドa・b・耳の編み方

[耳](10目)中表に合わせて
引き抜きはぎ

[耳](10目)中表に合わせて引き抜きはぎ

[サイドc]12.5cm(15目)休める
4cm(5目) 4cm(5目)
[トップ]10cm(12目)
4cm(5目) 4cm(5目)
[サイドc]12.5cm(15目)休める

16
15 6
cm [サイド
(8 b]
10 段)
9

(15目)拾う
(1目)拾う=●
(12目)拾う
(15目)拾う

12.5cm(15目)
15cm
(2目)
10cm(12目)
15cm
(2目)
12.5cm(15目)

8

6 [サイド
cm a]
5 (8
段)
4
2
1

メリヤス編み(10号針)

38.5cm(46目)拾う

ガーター編み(8号針)

5 2.5 [顔回りの
cm 縁編み]
(5
2 段)
1

27cm(40目)作り目

引き抜きはぎ

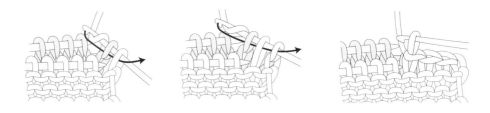

むぎわら帽　▶作品　p.10　かぎ針

A

B

［糸］DARUMA　SASAWASHI
A 3～6か月用：ナチュラル（1）50g、
B 6か月～1才用：ダークブラウン（13）65g
［針］かぎ針 6/0号
［その他］2.5cm幅のグログランリボン138cm
A ベージュ・B ネイビー、縫い糸
［ゲージ］こま編み 17.5目 19段 =10cm角
［サイズ］A 頭周り45cm、深さ14cm、ブリム周り52cm
B 頭周り48cm、深さ15cm、ブリム周り55cm

（編み方）

1　わの作り目で作り目し、トップ、サイド、ブリムと編み進む。
2　グログランリボンをサイドの最終段に通し、サイドの最終段に下端を2～3箇所縫い止める。

A［ブリム］

←5
3～4段増減なし
←2
←1

サイドの14段めから▨を13回繰り返して（91目）拾う
※リボン通しの鎖2目にはこま編み（2目）編む

★=2～12段増減なし

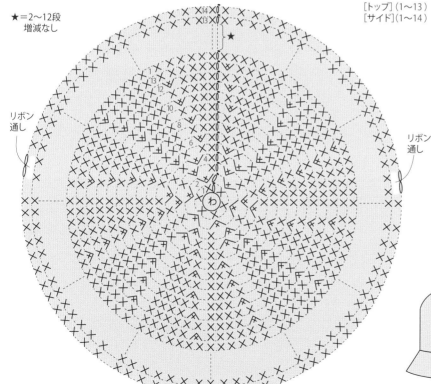

［トップ］（1～13）
［サイド］（1～14）

リボン通し

リボン通し

わ

	段数	目数	増し目数
ブリム	2～5	91	
	1	91	13
サイド	1～14	78	
トップ	13	78	
	12	72	
	11	66	
	10	60	
	9	54	
	8	48	毎段6
	7	42	
	6	36	
	5	30	
	4	24	
	3	18	
	2	12	
	1	6	

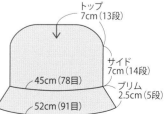

トップ 7cm（13段）
サイド 7cm（14段）
ブリム 2.5cm（5段）
45cm（78目）
52cm（91目）

むぎわら帽

B ［ブリム］

サイドの15段めから ▨▨ を12回繰り返して（96目）拾う
※リボン通しの鎖2目にはこま編み（2目）編む

★＝2〜13段
増減なし

［トップ］（1〜14）
［サイド］（1〜15）

リボン通し

リボン通し

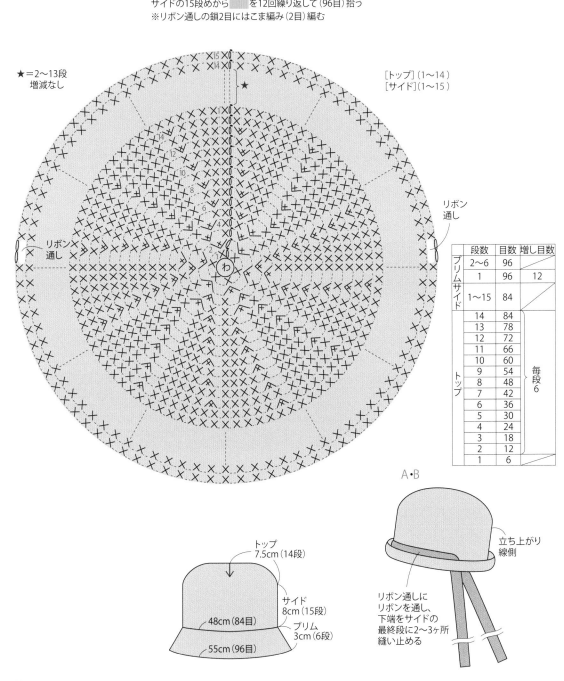

	段数	目数	増し目数
ブリム	2〜6	96	
	1	96	12
サイド	1〜15	84	
トップ	14	84	
	13	78	
	12	72	
	11	66	
	10	60	毎段6
	9	54	
	8	48	
	7	42	
	6	36	
	5	30	
	4	24	
	3	18	
	2	12	
	1	6	

トップ
7.5cm（14段）

サイド
8cm（15段）

48cm（84目）

ブリム
3cm（6段）

55cm（96目）

A・B

立ち上がり
線側

リボン通しに
リボンを通し、
下端をサイドの
最終段に2〜3ヶ所
縫い止める

アニマル耳あて付きニット帽

▶ 作品　p.12 棒針　かぎ針

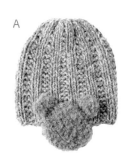

A

B

A・B

A＝13段、B＝15段
1模様で6模様ずつ
中間で減らす

A＝12目
B＝14目残

A
＝
19.5
cm
（43
段）

B
＝
22.5
cm
（49
段）

模様編み

A＝30段
B＝34段

増減なく編む

A＝37cm（48目）
B＝43cm（56目） } 作り目

[糸] DARUMA
A 6か月〜1才用：空気をまぜて糸にしたウールアルパカ／
オートミール（2）15g、ブラウン（3）30g、
LOOP／グレー（5）23g
B 1才〜用：空気をまぜて糸にしたウールアルパカ／
ライトグレー（7）20g、ネイビー×きなり（10）40g、
LOOP／きなり（1）25g
[針] かぎ針 8/0 号、4 本棒針 15 号
[ゲージ] 模様編み 13 目 22 段 =10cm角
[サイズ] A 頭周り 37cm、深さ 19.5cm（本体のみ）
B 頭周り 43cm、深さ 22.5cm（本体のみ）

編み方

本体は記号図を参照して3本どりで編む。
1　指でかける作り目で目を作り、輪編みで模様編みを A は 30
　　段、B は 34 段増減なく編み、次の段からは中間減目で 1 模
　　様で 6 目ずつ減らす。
2　編み終わりは残った目に糸端を通して絞る。
3　耳あては各パーツを編み、顔は裏側を表にしてまとめる。
4　顔で本体をはさみ顔の周囲を本体にとじつける。

A

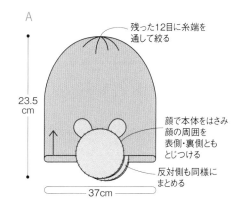

残った12目に糸端を
通して絞る

23.5
cm

顔で本体をはさみ
顔の周囲を
表側・裏側とも
とじつける

反対側も同様に
まとめる

37cm

耳あてのまとめ方

6
cm

2.5
cm

2.5cm

巻きかがる

2.5cm

1.5cm

顔
裏側を
表にする

①耳を表側1枚に
巻きかがる
②顔を中表に
合わせて
下半分巻きかがる

3.5cm

顔
裏側を
表にする

[顔] A＝グレー
　　 B＝きなり } 各4枚

[耳] B＝きなり4枚

7×0
6×0
5×0
4×0
3×0
2×0
1×0
わ

B

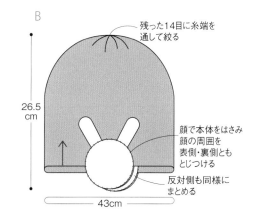

残った14目に糸端を
通して絞る

26.5
cm

顔で本体をはさみ
顔の周囲を本体に
表側・裏側とも
とじつける

反対側も同様に
まとめる

43cm

[耳] A＝グレー 4枚

3×0
2×0
1×0
わ

5×0
4×0
3×0
2×0
1×0
わ

8cm

アニマル耳あて付きニット帽

A ［本体］ □=|1| 表目の略　　オートミール 1本 ⎫
　　　　　　　　　　　　　　　ブラウン 2本 ⎭ 3本どり

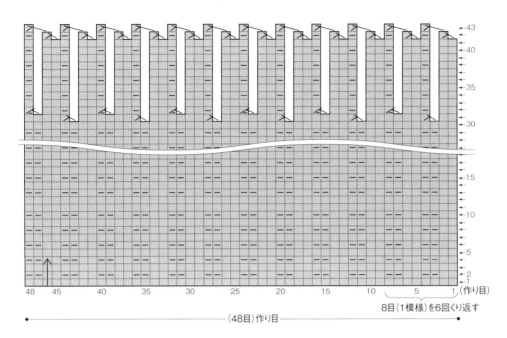

8目（1模様）を6回くり返す

(48目)作り目

B ［本体］ □=|1| 表目の略　　ライトグレー 1本 ⎫
　　　　　　　　　　　　　　　ネイビー×きなり 2本 ⎭ 3本どり

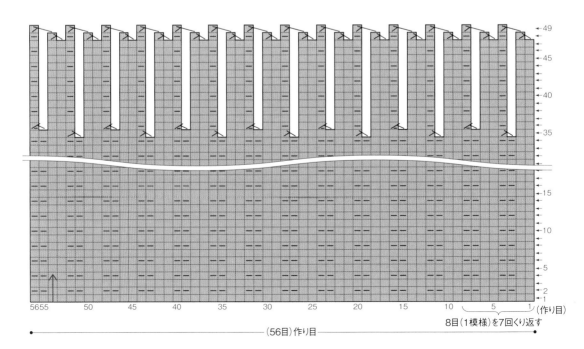

8目（1模様）を7回くり返す

(56目)作り目

つけ襟　▶作品　p.14　かぎ針

［糸］DARUMA ニッティングコットン
A 6か月～1才用：ネイビー（7）18g、きなり（1）20g、
ミント（11）10g
B 1才～用：テラコッタ（3）20g、ベージュ（2）22g、
ペールピンク（4）11g
［針］かぎ針 6/0 号
［サイズ］図参照

（ 編み方 ）

［A・B 共通］
1　モチーフをAは9枚、Bは10枚編み、中表に合わ
　せて外側半目を拾って引き抜きはぎでつなぎ、縁
　編みを編む。
2　Bの縁編みは8枚めまではAと同じように編み、9
　枚めは別図を参照して編む。

A・B ［モチーフ］

配色表

	A	B
1	ミント	ペールピンク
2	ネイビー	テラコッタ
3	きなり	ベージュ

縁編み A＝ネイビー
　　　 B＝テラコッタ

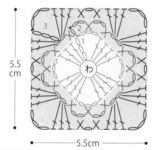

5.5cm
5.5cm

B ［縁編みの編み方］　Aと同様にひもを通す（p.50参照）

A・B ［モチーフのつなぎ方と縁編み］

──＝引き抜きはぎでつなぐ　A＝きなり　B＝ベージュ

49

つけ襟

ひも　2本どり　　A＝ネイビー
　　　　　　　　B＝テラコッタ

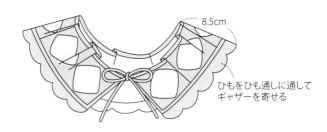

―――85cm 鎖（160目）作り目―――

外周り寸法　A＝50.5cm
　　　　　　B＝56cm

モチーフのつなぎ方と縁編み

A　縁編みは**9**の縁編みはAの**10**を参照して編む

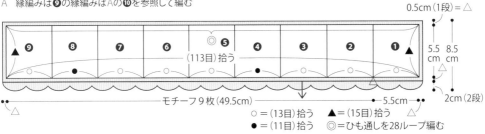

0.5cm（1段）＝△

5.5　8.5
cm　cm

2cm（2段）

―――モチーフ9枚（49.5cm）―――　　5.5cm

（113目）拾う

○＝（13目）拾う　　▲＝（15目）拾う
●＝（11目）拾う　　◎＝ひも通しを28ループ編む

B

0.5cm（1段）＝△

5.5　8.5
cm　cm

2cm（2段）

―――モチーフ10枚（55cm）―――　　5.5cm

（126目）拾う

○＝（13目）拾う　　▲＝（15目）拾う
●＝（11目）拾う　　◎＝ひも通しを32ループ編む

1段め

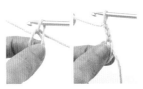

1　わで作る作り目で立ち上が
　り鎖3目を編む。

2　最初は立ち上がり鎖3目を
　1目と数えるため長編み3
　目を編み、次に鎖3目、長
　編み4目を3回繰り返す。

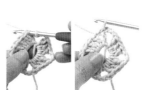

3　最後の鎖3目が編めたら、
　最初の立ち上がりの鎖の3
　目めに引き抜く。

4　1段目が編めた。裏に糸を
　くぐらせて、糸端を、処理
　する。

2段め

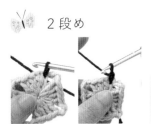

5　1段めの立ち上がりの頭に
　糸をつけ、立ち上がりの鎖
　1目を編む。

6　同じ目を拾って細編み1目
　を編む。

7　1段めが鎖のところは写真
　のように束に拾う。1段め
　と同様に編み終わったら、
　裏面で糸端を処理する。

8　5と同様に糸をつけ、3段
　めを編む。

あみぐるみ＆お洋服 ▶ 作品 p.16 かぎ針

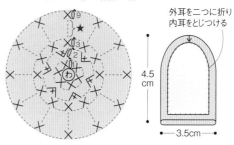

[糸] ハマナカ　わんぱくデニス
クマ：ベージュ（51）26g、茶色（61）10g、黒（17）適宜
ウサギ：ピンク（56）26g、黄色（3）10g、黒（17）適宜
スタイ：A 水色（47）・B 白（1）各3g
ワンピース：C 水色（47）14g、D にぶい水色（57）・白（1）各7g
[針] かぎ針 5/0 号
[その他] クマ・ウサギ：中わた 35g、
ワンピース・スタイ：直径 1cmのパールボタン 1 個
[ゲージ] こま編み 18 目、23 段 ＝10cm
[サイズ] 図参照

編み方

[クマ・ウサギ]
1　各パーツを編み、編み終わりは、まとめ用に糸端を約 30cm 残
　　しておく。
2　まとめ方を参照してまとめ、指定位置に、目と鼻を刺しゅう
　　する。

ウサギ [内耳] 黄色 2枚
裏側を表にしてまとめる

2.5 cm

編み始め
鎖6目作り目

4cm

ウサギ [外耳] ピンク 2枚
★＝4〜8段は増減なく編む

外耳を二つに折り
内耳をとじつける

4.5 cm

3.5cm

クマ [外耳] ベージュ 2枚

クマ [内耳] 茶色 2枚

外耳を二つに折り
内耳をとじつける

1　2　3

ウサギ・クマ [手] 2枚
ウサギ＝ピンク
クマ＝ベージュ

13段まで
増減なく編む

編み始め
鎖（2目）作り目

中わたをつめ
二つ折りにする

7 cm

ウサギ・クマ [足] 2枚
ウサギ　―＝ピンク　▨＝黄色
クマ　―＝ベージュ　▨＝茶色

★＝7〜13段は増減なく編む

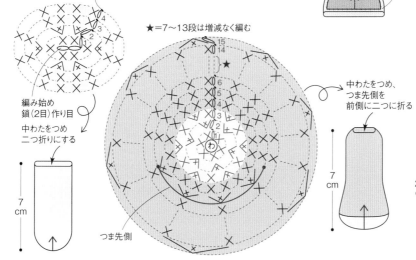

つま先側

中わたをつめ、
つま先側を
前側に二つに折る

7 cm

ウサギ・クマ [口]
ウサギ＝黄色
クマ＝茶色
→＝鼻の刺しゅう位置

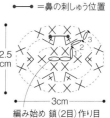

2.5 cm

3cm
編み始め 鎖（2目）作り目

あみぐるみ＆お洋服

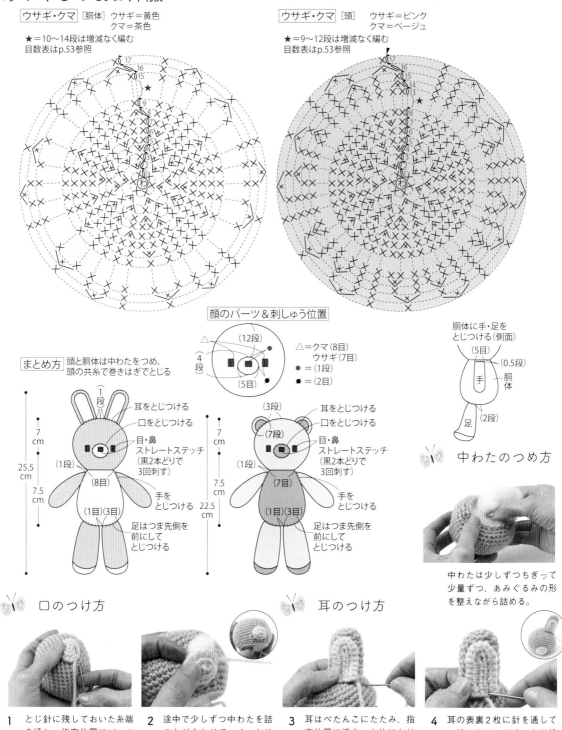

ウサギ・クマ［胴体］ ウサギ＝黄色
クマ＝茶色
★＝10～14段は増減なく編む
目数表はp.53参照

ウサギ・クマ［頭］ ウサギ＝ピンク
クマ＝ベージュ
★＝9～12段は増減なく編む
目数表はp.53参照

顔のパーツ＆刺しゅう位置

（12段）
4段
（5段）
△＝クマ（8目）
ウサギ（7目）
●＝（1段）
■＝（2目）

まとめ方
頭と胴体は中わたをつめ、
頭の共糸で巻きはぎでとじる

胴体に手・足を
とじつける（側面）
（5目）
（0.5目）
手
胴体
（2段）
足

ウサギ
①段
25.5cm
7cm
7.5cm

耳をとじつける
口をとじつける
目・鼻
ストレートステッチ
（黒2本どりで
3回刺す）
（1段）
（8目）
（1目）（3目）
手を
とじつける
足はつま先側を
前にして
とじつける

クマ
（3段）
22.5cm
7cm
7.5cm

耳をとじつける
口をとじつける
目・鼻
ストレートステッチ
（黒2本どりで
3回刺す）
（1段）
（7目）
（1目）（3目）
手を
とじつける
足はつま先側を
前にして
とじつける

中わたのつめ方

中わたは少しずつちぎって
少量ずつ、あみぐるみの形
を整えながら詰める。

口のつけ方

1 とじ針に残しておいた糸端を通し、指定位置にパーツを添え、図のように本体とパーツを少しずつすくってとじていく。

2 途中で少しずつ中わたを詰めながらとじていく。とじ終えた糸端は、口の内側等にくぐらせて、表から見えないように処理する。

耳のつけ方

3 耳はぺたんこにたたみ、指定位置に添え、本体にとじつけていく。

4 耳の表裏2枚に針を通して一緒にとじつける。とじ終えたら、耳の下などをくぐらせて糸端が見えないように処理する。

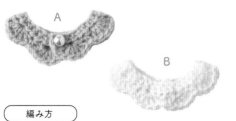

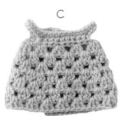

1cm 7cm

1cm 7cm

裾周り28cm

ボタンをつける

編み方

［ワンピース］
1 肩側から作り目して裾に向けて編み、Dは配色ごとに
編み糸を切って縞模様を編む。

［スタイ］
1 首周り側で作り目して編み、ボタンをつけて仕上げる。

［ワンピース］

C ── ・ ── ＝水色

D ── ＝白
  ── ＝にぶい水色

1段めは鎖の裏山を拾う

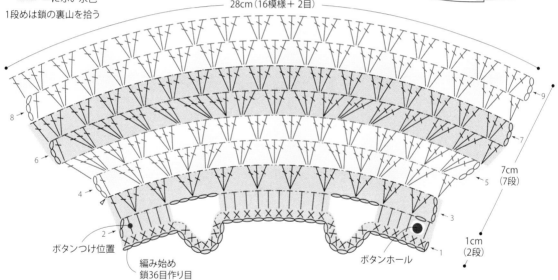

28cm（16模様＋2目）

9
8
7
6
5
4
3
2
1

7cm
（7段）

1cm
（2段）

ボタンつけ位置

編み始め
鎖36目作り目

ボタンホール

［スタイ］　A＝水色　B＝白

1段めは鎖の裏山を拾う

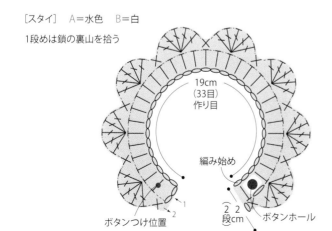

19cm
（33目）
作り目

編み始め

ボタンつけ位置

2段cm

ボタンホール

ウサギ・クマの目数表

胴体

段数	目数	減目数
17	18	−6
16	24	−6
9〜15	30	
8	30	−6
7	36	
6	36	
5	30	
4	24	毎段 +6
3	18	
2	12	
1	6	

頭

段数	目数	減目数
17	18	
16	24	毎段 −6
15	30	
14	36	
8〜13	42	
7	42	
6	36	
5	30	毎段 +6
4	24	
3	18	
2	12	
1	6	

ヘアピン ▶ 作品 p.18 [かぎ針]

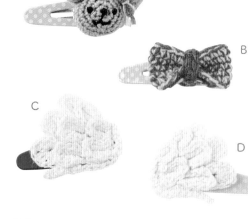

A

B

C

D

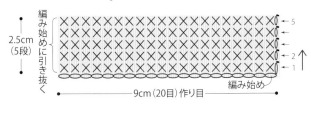

B ［本体］ ピンク 1本 ｝ 2本どり
イエロー 1本

2.5cm
（5段）

編み始めに引き抜く

← 5

← 2
1

編み始め

9cm（20目）作り目

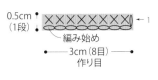

［ベルト］ピンク 2本どり

0.5cm
（1段）

← 1

編み始め

3cm（8目）
作り目

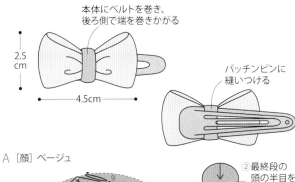

本体にベルトを巻き、
後ろ側で端を巻きかがる

2.5
cm

4.5cm

パッチンピンに
縫いつける

[糸]
A クマ：DARUMA 小巻 Cafe デミ／
ベージュ（10）3g、ピンク（3）・
イエロー（5）各少々
B リボン：DARUMA 小巻 Cafe デミ／
ピンク（3）2g、イエロー（5）1g、
C・D 羽：ハマナカ フラックス C ／ホワイト（1）3g
[針] B リボン：かぎ針 5/0 号　A クマ・C D 羽：3/0 号
[その他] A クマ：茶色の 25 番刺しゅう糸、中わた、
5cmのパッチンピン
B リボン・C・D 羽：5cmのパッチンピン
[ゲージ] こま編み　A クマ：35 目 40 段 =10cm角
B リボン：22 目 20 段、
[サイズ] 図参照

A ［顔］ベージュ

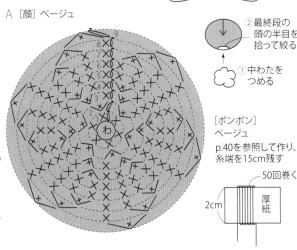

② 最終段の
頭の半目を
拾って絞る

① 中わたを
つめる

［ポンポン］
ベージュ
p.40を参照して作り、
糸端を15cm残す

50回巻く

2cm

厚
紙

[編み方]

[リボン]
1　本体とベルトを編む。
2　本体にベルトを巻き、端を巻きかがり、ぱっちんピンを縫いつ
　　ける。
[クマ]
1　顔を編み、中わたを詰めて、耳はポンポンを 2 個作る。
2　顔に耳を縫いつけて、刺しゅうをし、パッチンピンを縫いつける。
※羽の編み方は p.68 参照

[刺しゅう糸位置]
糸は茶色 6本どり

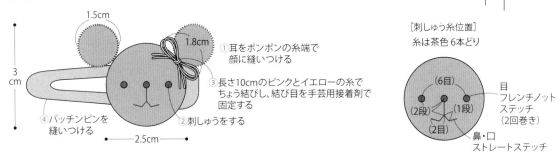

1.5cm

1.8cm

① 耳をポンポンの糸端で
顔に縫いつける

③ 長さ10cmのピンクとイエローの糸で
ちょう結びし、結び目を手芸用接着剤で
固定する

3
cm

④ パッチンピンを
縫いつける

② 刺しゅうをする

2.5cm

（6目）

（2段）　（1段）

（2目）

目
フレンチノット
ステッチ
（2回巻き）

鼻・口
ストレートステッチ

なりきりアニマル（ベビー用、小犬用） ▶作品 p.20 かぎ針

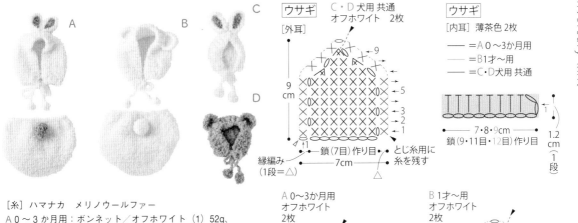

A　B　C　D

ウサギ
[外耳]
C・D 犬用 共通
オフホワイト 2枚
9cm
鎖（7目）作り目
7cm
縁編み（1段=△）
とじ糸用に糸を残す

ウサギ
[内耳] 薄茶色 2枚
── ＝A 0〜3か月用
── ＝B1才〜用
── ＝C・D犬用 共通
7・8・9cm
鎖（9・11目・12目）作り目
1.2cm（1段）
1段

A 0〜3か月用
オフホワイト 2枚
10cm
鎖（7目）作り目
7cm
縁編み（1段=△）
とじ糸用に糸を残す

B 1才〜用
オフホワイト 2枚
10.5cm
鎖（8目）作り目
8cm
縁編み（1段=△）
とじ糸用に糸を残す

[糸] ハマナカ　メリノウールファー
A 0〜3か月用：ボンネット／オフホワイト（1）52g、
薄茶色（2）2g、パンツ／オフホワイト（1）54g、薄茶色（2）3g
B 1才〜用：ボンネット／オフホワイト（1）67g、
パンツ／オフホワイト（1）75g
C 小型犬用（小）／オフホワイト（1）21g、薄茶色（2）2g
D 小型犬用（大）／薄茶色（2）22g
[針] かぎ針7/0号、8/0号（作り目とパンツの足周りの縁編み）
[その他] パンツ用ゴムテープ（白）／
A 0〜3か月用：7mm幅40cm、3.5mm幅60cm、
B 1才用：7mm幅44cm、3.5mm幅72cm
[ゲージ] 模様編み　13.5目7.5段=10cm角
[サイズ] 図参照

編み方

長編みは目の間をそっくり拾って編み、編み終わりは立ち上がりの鎖3目をそっくり拾って引き抜く。
[ボンネット]
1 後頭部を編み、続けてサイドを拾い目して編む。サイドと後頭部から拾い目して首周りの縁編みを編む。
2 耳を編んでとじつける。ひもは編み玉を編み、別糸を足してスレッド編みでひもを編んで首周りの縁編みに通し、反対側の編み玉を編む。
[パンツ]
1 胴周りで作り目して編み、股下はまきかがりでとじる。胴周り、足周りの縁編みをゴムテープを編み包んで編む。ポンポンを編んでとじつける。

耳のまとめ方
①内耳をとじつける
②根元を縫いとめる

ウサギ耳のとじつけ位置
A・B 4〜5段め
C・D 3〜4段め

クマ [耳]
※耳のとじつけ位置はp.57参照
鎖編み4目をわにする作り目（p.58参照）
A 0〜3か月用　オフホワイト 2枚
とじ糸用に糸を残す
横6cm
C・D 犬用 共通 薄茶色 2枚
横4.5cm
B 1才〜用 オフホワイト 2枚　とじ糸用に糸を残す
とじ糸用に糸を残す
鎖編み4目をわにする作り目（p.58参照）
横7cm

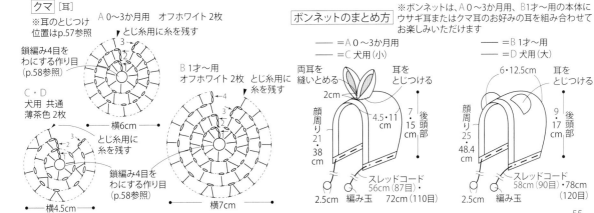

ボンネットのまとめ方
── ＝A 0〜3か月用
── ＝C 犬用（小）
両耳を縫いとめる
耳をとじつける
2cm
4.5・11cm
顔周り21〜38cm
7・15cm 後頭部
スレッドコード 56cm（87目）・72cm（110目）
2.5cm 編み玉

── ＝B 1才〜用
── ＝D 犬用（大）
6・12.5cm
耳をとじつける
顔周り25〜48.4cm
9・17cm 後頭部
スレッドコード 58cm（90目）・78cm（120目）
2.5cm 編み玉

※ボンネットは、A 0〜3か月用、B1才〜用の本体にウサギ耳またはクマ耳のお好みの耳を組み合わせてお楽しみいただけます

なりきりアニマル

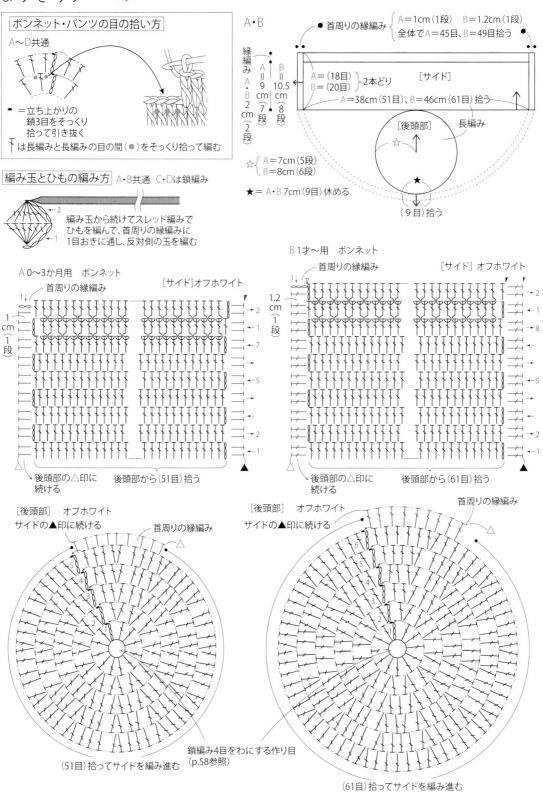

ボンネット・パンツの目の拾い方

A〜D共通

● = 立ち上がりの鎖3目をそっくり拾って引き抜く

↑ は長編みと長編みの目の間（●）をそっくり拾って編む

編み玉とひもの編み方 A・B共通 C・Dは鎖編み

編み玉から続けてスレッド編みでひもを編んで、首周りの縁編みに1目おきに通し、反対側の玉を編む

A・B

● 首周りの縁編み { A=1cm（1段）　B=1.2cm（1段）
全体でA=45目、B=49目拾う ●

縁編み A・B { A=9cm（7段）　B=10.5cm（8段）
2cm（2段）

A＝ B＝ 18目 20目 2本どり ［サイド］

A=（18目）B=（20目）

A=38cm（51目）、B=46cm（61目）拾う

長編み

［後頭部］

☆ { A=7cm（5段）　B=8cm（6段）

★ = A・B 7cm（9目）休める

（9目）拾う

A 0〜3か月用　ボンネット　　［サイド］オフホワイト

首周りの縁編み

1cm（1段）

後頭部の△印に続ける

後頭部から（51目）拾う

B 1才〜用　ボンネット

首周りの縁編み　　［サイド］オフホワイト

1.2cm（1段）

後頭部の△印に続ける

後頭部から（61目）拾う

［後頭部］　オフホワイト

サイドの▲印に続ける

首周りの縁編み △

（51目）拾ってサイドを編み進む

鎖編み4目をわにする作り目（p.58参照）

［後頭部］　オフホワイト

サイドの▲印に続ける

首周りの縁編み △

（61目）拾ってサイドを編み進む

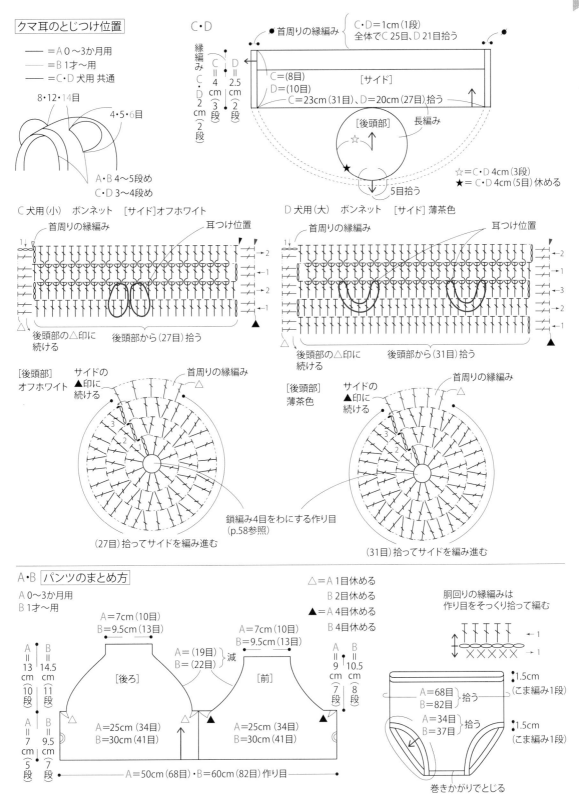

クマ耳のとじつけ位置

― ＝A 0～3か月用
― ＝B 1才～用
― ＝C・D 犬用 共通

8・12・14目

4・5・6目

A・B 4～5段め
C・D 3～4段め

C・D

● 首周りの縁編み
C・D＝1cm（1段）
全体でC 25目、D 21目拾う

縁編み
C D
＝ ＝
4 2.5
cm cm

縁
編
み
C・D
2
cm
（2段）

C＝
4
cm
（3段）
C・D
2
cm
（2段）

C=（8目）
D=（10目）

［サイド］

C＝23cm（31目）、D＝20cm（27目）拾う

［後頭部］

長編み

☆

5目拾う

☆＝C・D 4cm（3段）
★＝C・D 4cm（5目）休める

C 犬用（小）　ボンネット　［サイド］オフホワイト

首周りの縁編み

耳つけ位置

後頭部の△印に
続ける

後頭部から（27目）拾う

D 犬用（大）　ボンネット　［サイド］薄茶色

首周りの縁編み

耳つけ位置

後頭部の△印に
続ける

後頭部から（31目）拾う

［後頭部］
オフホワイト

サイドの
▲印に
続ける

首周りの縁編み

（27目）拾ってサイドを編み進む

［後頭部］
薄茶色

サイドの
▲印に
続ける

首周りの縁編み

鎖編み4目をわにする作り目
（p.58参照）

（31目）拾ってサイドを編み進む

A・B パンツのまとめ方

A 0～3か月用
B 1才～用

△＝A 1目休める
　　B 2目休める

▲＝A 4目休める
　　B 4目休める

胴回りの縁編みは
作り目をそっくり拾って編む

A＝7cm（10目）
B＝9.5cm（13目）

A＝（19目）
B＝（22目）減

A＝7cm（10目）
B＝9.5cm（13目）

A
＝
13
cm
（10
段）

B
＝
14.5
cm
（11
段）

［後ろ］

［前］

A
＝
9
cm
（7
段）

B
＝
10.5
cm
（8
段）

A
＝
7
cm
（5
段）

B
＝
9.5
cm
（7
段）

A＝25cm（34目）
B＝30cm（41目）

A＝25cm（34目）
B＝30cm（41目）

A＝50cm（68目）・B＝60cm（82目）作り目

1.5cm
（こま編み1段）

A＝68目
B＝82目
拾う

A＝34目
B＝37目
拾う

1.5cm
（こま編み1段）

巻きかがりでとじる

57

なりきりアニマル

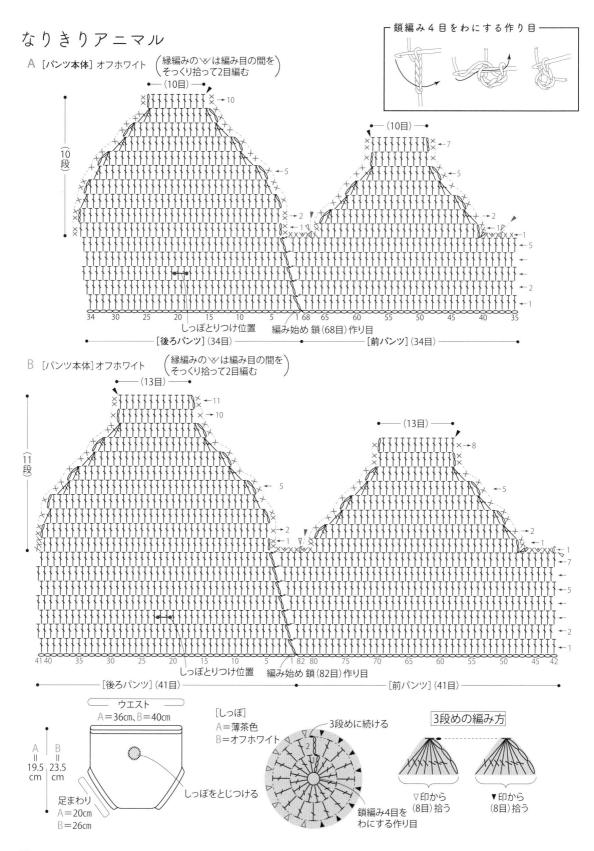

A [パンツ本体] オフホワイト （縁編みの W は編み目の間を そっくり拾って2目編む）

鎖編み4目をわにする作り目

(10目)
← 10
← 5
← 2
← 1 68
← 5
← 2
← 1
(10目)
← 7
← 5
← 2
← 1
← 5
← 2
← 1

10段

しっぽとりつけ位置　編み始め 鎖(68目)作り目

[後ろパンツ](34目)　　[前パンツ](34目)

B [パンツ本体] オフホワイト （縁編みの W は編み目の間を そっくり拾って2目編む）

(13目)
← 11
← 10
← 5
← 2
← 1
(13目)
← 8
← 5
← 2
← 1
← 7
← 5
← 2
← 1

11段

しっぽとりつけ位置　編み始め 鎖(82目)作り目

[後ろパンツ](41目)　　[前パンツ](41目)

ウエスト
A=36cm、B=40cm

A
=
19.5
cm

B
=
23.5
cm

足まわり
A=20cm
B=26cm

しっぽをとじつける

[しっぽ]
A=薄茶色
B=オフホワイト

3段めに続ける

鎖編み4目を
わにする作り目

3段めの編み方

▽印から
(8目)拾う

▼印から
(8目)拾う

花冠・花束 ▶ 作品 p.22・24 かぎ針

◀ バラの組み立て方　※花冠を例として解説しています

花芯

ワイヤー
の芯

1 各パーツをそれぞれ編む。ワイヤーは指定の本数を2つ折りにし、先端に手芸用接着剤をつけて花芯と同じ糸を巻きつけて玉にする。

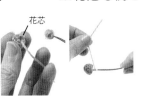

2 ワイヤーの芯を、花芯パーツの中に入れる。ワイヤーに手芸用接着剤を塗り、花芯の糸端を巻きつける。

3 ワイヤーに花びら1枚めを通し、花びらの内側に手芸用接着剤を塗り、花芯に花びらを貼り付ける。

4 3と同様に2枚めの花びらも貼りつける。このとき、1枚めと2枚めの花びらを少しずつずらして重ねると美しく仕上がる。

ダリアの編み方

5 5枚花びらを通して貼りつけたところ。

6 最後に、糸端を表に出しておいたガクを通し、ワイヤーに糸端を巻いて貼りつけて完成。

1 ワイヤーの芯（バラの組み立て方1参照）を土台の中心に通す。

2 裏返して、中に共糸を詰めて土台の最終段を編む。

3 土台のすじ編みのすじを拾って花びらを編んでいく。

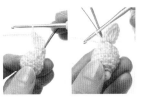

4 鎖3目で立ち上がり、同じ目に長々編みを3回編み、鎖3目を編んだら、同じ目に引き抜き編みをする。

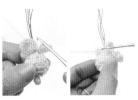

5 〈左〉花びらが一周編めた。〈右〉鎖編み2目をしてから、次の花びらの位置に針を入れて次の列の花びらを編む。

6 各段矢印の方向（写真では上側）に向かって編み進める。各段3→6→9→9→6→3枚ずつ花びらを編む。

◀ 〔花束〕葉っぱの編み方

1 作り目にワイヤーを通す。

2 ワイヤーと糸端を一緒に持つ。ワイヤーと糸端を一緒に編みくるみながら、指定の数の作り目をする。

3 立ち上がりの鎖1目を編み、作り目の半目を拾いながら葉の片側を編む。

4 端まできたら鎖2目を編み、残りの半目とワイヤーの下に針を入れながら葉の反対側を編む。

花冠・花束

◤◢ 花束の組み立て方

1 花や葉のパーツを束ねて持ち、好みの長さのところでワイヤーを折り曲げる。

2 花や葉を1～3本ずつ合わせて、ワイヤー全体に両面テープを巻きつけていく。その後、折り曲げた部分に糸を巻く。

3 糸を巻いた部分をしっかりと折り曲げる。ワイヤーの先端部分が隠れるように再び両面テープを巻きつける。

4 花や葉の根本まで糸を巻く。

5 最後は、糸端に少量の手芸用接着剤をつけて留める。

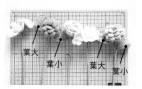

葉大　葉小　葉大　葉小

6 手前側の花は茎の長さを短めに、奥側の花は長めにしておくと、最後に束ねて仕上げた時に見た目が綺麗。

7 6のパーツを奥側の花から順々に束ねていく。束ねる部分に両面テープを巻き、その上から糸を巻いて、束ねる。

8 束ねた部分にリボンを結んで完成。

◤◢ 花冠の組み立て方

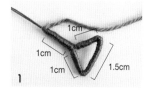

1cm　1cm　1cm　1.5cm

1

2

3

4

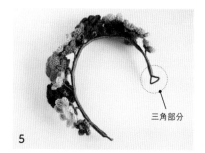

三角部分

5

1 写真のように36cmワイヤーの両端を三角に折り曲げる。ワイヤーは3本まとめて使用する。折り曲げた部分に両面テープを巻いた後、糸を巻いておく。これが花冠の土台となる。

2 花パーツは端から約2.5cmのところを折り曲げて両面テープを巻いておく。1番端にくる小花のパーツ2つだけは、端から約5cm程度のところで折り曲げて余分なワイヤーをカットしてから両面テープを巻いておく。

3 土台全体に両面テープを巻き、そこに花パーツをつけていく。花パーツを取りつけるごとに、茎部分に両面テープを巻いて固定する。2で作った短い茎の花パーツは1番端に配置する。

4 バランスを見ながら全体に花パーツを取りつける。最後に葉を縫いつけるので、三角部分ギリギリまでは花を取りつけないようにする。

5 糸を端からすき間なく丁寧に巻く。

6 葉を縫いつける。三角部分に近い葉4枚は土台の毛糸を拾って直接縫いつける。それ以外の葉8枚は、マーガレットやバラのガク部分に縫いつける。葉の根本付近に3～4カ所針を入れて縫いつける。その後、縫いつけた部分や根本付近を中心に手芸用接着剤で補強する。

7 三角部分（5参照）にリボンを通して完成。

花冠・花束　▶ 作品　p.22・24　かぎ針

A　B

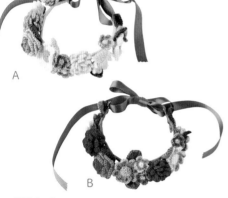

A

B

［配置図］

マーガレットb
ダリアa
21cm
ダリアb
マーガレットa
12cm

使用するワイヤーの本数について（全パーツ共通）
・花束…ワイヤー36cmを3本まとめて半分に折り曲げる
　　　　葉は端から12cmの所を折り曲げる
・花冠…ワイヤー18cmを2本まとめて半分に折り曲げる

［編み方］

［花束　A・B］

1　各パーツを編む。花びらと葉は水通しをする。ガクの
　編み始めの糸を茎のワイヤーに巻きつける用に残して
　おく。その他の各パーツも編み図を参照して、編み終
　わりの糸を長めに残しておく。

2　p.60を参照して茎を作り、花を束ねて根元にリボンを
　結ぶ。

小花　　花束＝2本

花束の配色表

	芯・花芯	花びら	ガク
A	黄色	淡い紫	緑
B	黄色	淡いピンク	緑

［花びら］2枚　　　　　　　　　　　　　［花芯］2枚
編み終わりの　　　　　　　　　　　　　　　＝糸を切る
糸端を約20cm
残しておく

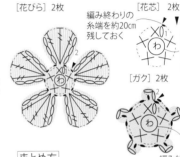

編み始めの
糸をわの中心
から表に引き
出しておく

［ガク］2枚

編み始めの糸を
約50cm残し、わの
中心から表に
引き出しておく

まとめ方

①
ワイヤーの芯を作り、花に通す
（p.59「バラの組み立て方」参照）

先端に糸を
巻きつけ、玉状
にしておく

小花

花束＝　花冠＝
18　　　 9
cm　　　cm

ワイヤー

②

花の編み始めの
糸端を2〜3回巻いて
手芸用接着剤で貼り
つける

③
花芯

花芯は裏側を
表にして糸端で
とじつける

編み終わりの
糸を小花と
ガクの間に
折り込んで
手芸用接着剤
で貼りつける

④
ガク

（裏）

ガクの編み
始めの糸端で
ワイヤーを
巻いて茎を作る

ガクをワイヤーに通して、
手芸用接着剤で花に貼り
つける

花束A・B
［糸］ハマナカ
A ポーム　コットンリネン／白（201）6.9g、
　ポーム　ベビーカラー　／緑（302）12.1g、黄色（301）8.8g、
　オレンジ色（305）7.2g、淡いオレンジ色（92）2.2g、
　淡い紫（306）2g、淡いピンク（91）2.6g
　ポーム　《無垢綿》ニット／きなり（21）2.2g
B ポーム　コットンリネン／白（201）2.2g、
　ポーム　ベビーカラー／緑（302）12.1g
　青紫（304）・淡い紫（306）・各7.2g、淡い青緑（97）6.9g、
　くすんだ水色（95）2.6g、クリーム色（93）2.2g、
　淡いピンク（91）2g、黄色（301）1.6g

花冠A・B
［糸］DARUMA 小巻 café デミ
A 春夏色：淡い黄緑（13）12.1g、黄色（5）・カラシ色（6）・各4.2g、
　淡いピンク（1）3.2g、緑（15）3g、オフ白（9）・白（29）各2.2g、
　淡い紫（21）・紫（22）・各1.5g、　ピンク（2）1.3g
B 秋冬色：緑（15）12.1g、サーモンピンク（3）3.2g、
　赤紫（23）・エンジ（26）・各3.1g、濃い緑（16）3g、
　カラシ色（6）2.6g、　淡い紫（21）・紫（22）・各2.2g、
　モカ（11）1.5g、テラコッタ（7）1.3g、黄色（5）1g
［針］花束 A・B かぎ針5/0号　　花冠 A・B かぎ針2/0号
［その他］花束 A・B　花冠 A・B：28番（長さ36cm）の地巻きワイヤー、
両面テープ、手芸用接着剤、爪楊枝
花束 A・B：2.5cm幅のリボン A＝ピンク・B＝紫各50cm、
花冠 A・B：1.5cm幅のリボン A＝緑・B＝濃い緑各100cm
［サイズ］図参照

Anniversary knit

61

花冠・花束

使用するワイヤーの本数について（全パーツ共通）
・花束…ワイヤー 36cmを3本まとめて半分に折り曲げる
　　　　葉は端から12cmの所を折り曲げる
・花冠…ワイヤー 18cmを2本まとめて半分に折り曲げる

バラ　花びら5枚、花芯、ガクを編み、芯を作る。p.59を参照して組み立てる。

花束の配色表

	芯・花芯・花びら1・2	3～5	ガク
A	淡いピンク	白	緑
B	くすんだ水色	淡い青緑	緑

▼＝糸を切る

編み始めの糸を
約50cm残し、わの
中心から表に引き
出しておく

[花芯]　[ガク]　[花びら1]　[花びら2]

[花びら3]　[花びら4]　[花びら5]

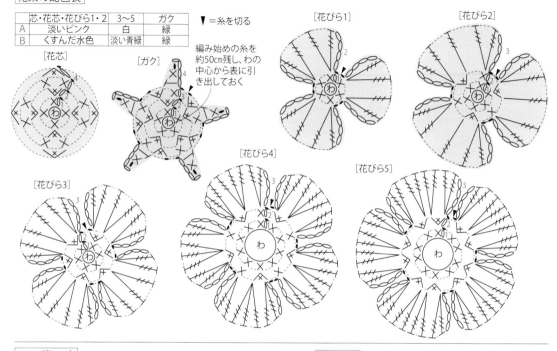

マーガレット　a・b各1本

花束の配色表

	芯・花芯	花びら	ガク
A	黄色	a＝生成り　b＝淡いオレンジ	緑
B	黄色	a＝白　b＝クリーム色	緑

[花芯] 2枚

編み始めの糸を
わの中心から表に
引き出しておく

まとめ方　小花 ①・② 参照

③
花芯は裏側を表にして、
中に共糸を詰め、
編み終わりの糸端で
とじつける

花芯
花びら
ワイヤー

[ガク] 2枚　[花びら] 2枚

編み始めの糸を
約50cm残し、
わの中心から
表に引き出しておく

④
ガク
（裏）

ガクをワイヤーに通して、
手芸用接着剤で花に貼り
つける

ガクの編み始めの
糸端でワイヤーを
巻いて茎を作る

編み終わり
の糸を小花と
ガクの間に折
り込んで手芸用
接着剤で貼る

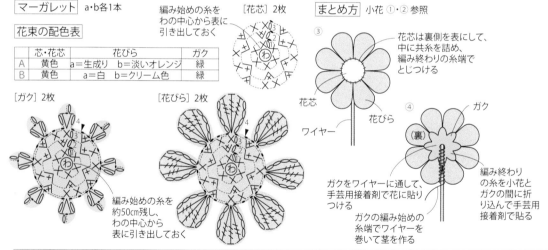

葉(大)・葉(小)　花束は、p.59を参照して鎖を編みつけながら作り目をし、
ワイヤーを2つに折り曲げて編み終わりの糸を巻きつけて茎を仕上げる。

花冠は、ワイヤーを入れずに編む。

ワイヤーを入れない葉の編み方

① 鎖の作り目を指定の目数編む。
② 鎖の半目を拾って葉の片側を編む。
③ 編みはじめの糸を編みくるみながら、②の
　残りの半目を拾ってもう片側の葉を編む。
④ 編み終わりは糸が2本出ているところに、
　手芸用接着剤をつけ、乾いたら糸端を短
　く切る。

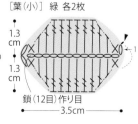

[葉(小)] 緑 各2枚
1.3cm
1.3cm
鎖(12目)作り目
3.5cm

[葉(大)] 緑 各2枚
2cm
2cm
鎖(15目)作り目
6cm

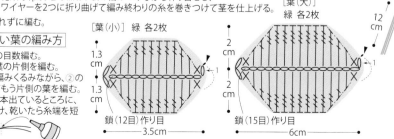

12cm
24cm

ワイヤーに
淡い緑を
巻きつける

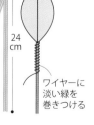

ダリア すじ編みで球体を編む。6段まで編んだらp.59の[ダリアの編み方1・2]を参照し、共糸を詰め、7段めを編み、球体状の土台を作ってから、土台のすじに花びらを編みつけていく。

まとめ方

① 「花びらの土台」を6段めまで編む

花びらの土台

花びらに編み進む

わ

花束の配色表

	芯・花びら・花びらの土台	ガク
A	a=オレンジ　b=黄色	緑
B	a=青紫　b=淡い紫	緑

← 花びら6列め(3枚)すじ6目

この段の最初の目(一)に引き抜く

この段の最初の目(一)に引き抜く

← 花びら5列め(6枚)すじ12目

この段の最初の目(一)に引き抜く

← 花びら4列め(9枚)すじ18目

この段の最初の目(一)に引き抜く

← 花びら3列め(9枚)すじ18目

この段の最初の目(一)に引き抜く

← 花びら2列め(6枚)すじ12目

この段の最初の目(一)に引き抜く

← 花びら1列め(3枚)すじ6目

この段の最初の目(一)に引き抜く

7段めの編み終わりの鎖2目

ここから花びらを編み始める

② 土台にワイヤーの芯を通し、中に共糸を詰めてから、花びらを6列編む

ガク

わ

編み始めの糸を約50cm残し、わの中心から表に引き出しておく

(裏)

③ ガクをワイヤーに通して、手芸用接着剤で花に貼りつける

花束 p.60を参照して茎を作り、淡い緑で花束にまとめてリボンを結ぶ

編み方

[花冠　A・B]

1　花と葉(ワイヤーなし)をp.61〜63を参照して編み、水通しをして乾いてからp.60を参照してまとめる。ガクの編み始めは茎用に、花芯の編み終わりはとじ糸用に糸端を長く残しておく。

2　p.60を参照して冠の土台を作り、花の茎を土台に沿わせて両面テープと緑の糸で巻いて止め、次に葉を花のガク、土台に縫いつける。

[マーガレット(4本)]

		芯・花芯	花びら	ガク
A	a・2本	黄色	白	淡い黄緑
	b・2本	カラシ色	オフ白	淡い黄緑
B	a・2本	黄色	淡い紫	緑
	b・2本	カラシ色	紫	緑

[小花(6本)]

		芯・花芯	花びら	ガク
A	a・3本	カラシ色	紫	淡い黄緑
	b・3本	黄色	淡い紫	淡い黄緑
B	a・3本	カラシ色	モカ	緑
	b・3本	黄色	カラシ色	緑

[葉(小)]

A	a=6枚	緑
	b=6枚	淡い黄緑
B	a=6枚	緑
	b=6枚	濃い緑

[ダリア]

		芯・花びら	ガク
A	a	カラシ色	淡い黄緑
	b	黄色	淡い黄緑
B	a	赤紫	緑
	b	エンジ	緑

[バラ]

	芯・花芯・花びら1,2枚め	3〜5枚め	ガク
A	ピンク	淡いピンク	淡い黄緑
B	テラコッタ	サーモンピンク	緑

配置図　土台はA=淡い黄緑、B=緑でまとめる

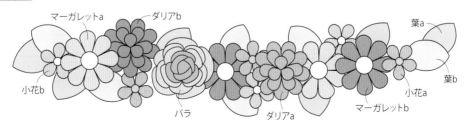

マーガレットa　ダリアb　葉a　小花b　バラ　ダリアa　小花a　マーガレットb　葉b

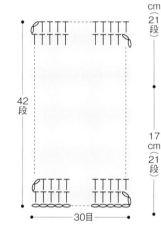

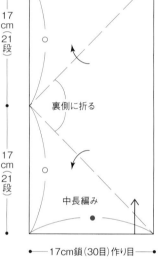

[前立て]
オフホワイト

8
cm

[本体]
水色

17
cm
（21
段）

42
段

17
cm
（21
段）

30目

裏側に折る

中長編み

17cm鎖（30目）作り目

[糸]
ハマナカ　わんぱくデニス
水色（47）55g、オフホワイト（2）10g
[針] かぎ針 5/0 号
[ゲージ] 中長編み 17.5 目 12.5 段、こま編み 17.5 目
22 段 =10cm
[サイズ] 図参照

編み方

1　本体、鍬形、前立てを編む。
2　本体を折りたたみ、●印から拾い目してフチを編む。
3　鍬形、前立てを本体にとじつけ、フチを上に折り返して上端をまつる。

[鍬形] 水色 2枚

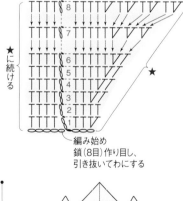

★に続ける

★

編み始め
鎖（8目）作り目し、
引き抜いてわにする

11.5cm
（20目）

7.5
cm
（8段）

4.5cm
（8目）作り目

まとめ方順序

―― だけを
とじつける

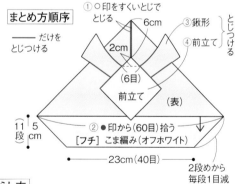

①○印をすくいとじで
とじる

6cm

2cm

（6目）

③鍬形
④前立て
} とじつける

前立て　（表）

②●印から（60目）拾う
[フチ] こま編み（オフホワイト）

11
段

5
cm

23cm（40目）

2段めから
毎段1目減

17
cm

フチの上端だけを
本体にとじつける

68cm

フチの減らし方

40目

11
段

●印から（60目）拾う

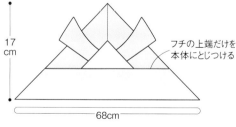

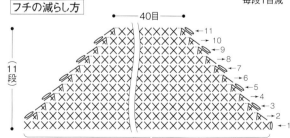

ファーストクラウン & ティアラ　▶作品 p.26　かぎ針

クラウン

ティアラ

[糸] DARUMA レース糸＃20
クラウン：レモン（12）22g、スモークブルー（7）3g
ティアラ：ピンクベージュ（5）20g、きなり（2）3g
[針] かぎ針2/0号
[ゲージ] 模様編み 5.5模様（27.5目）、16段
[サイズ] クラウン＝長さ112cm、高さ8.5cm、
ティアラ＝長さ111cm、高さ6.5cm

編み方

[クラウン]
1　モチーフを1～5の順に編みつなぎ、両端に鎖編みの紐を
　編みつける。
2　モチーフと鎖編みから拾い目してベルトを模様編みで編む。
[ティアラ]
1　モチーフA・Bを1～5の順に編みつなぎ、両端に鎖編み
　の紐を編みつける。
2　モチーフと鎖編みから拾い目してベルトを模様編みで編む。

クラウン　[モチーフ] 5枚　　━━ =レモン　　━━ =スモークブルー

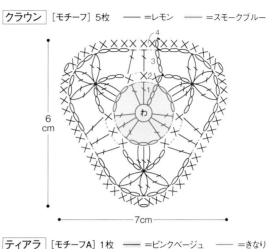

6cm
7cm

ティアラ　[モチーフA] 1枚　　━━ =ピンクベージュ　　━━ =きなり

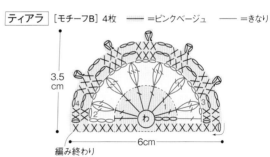

4cm
7cm
編み終わり

ティアラ　[モチーフB] 4枚　　━━ =ピンクベージュ　　━━ =きなり

3.5cm
6cm
編み終わり

クラウン

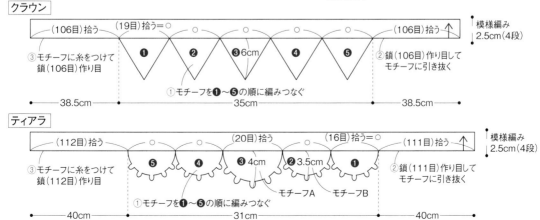

（106目）拾う　（19目）拾う＝○　　　　　　　　　　　　（106目）拾う　　模様編み
2.5cm（4段）

③モチーフに糸をつけて
　鎖（106目）作り目
❶❷❸6cm❹❺
②鎖（106目）作り目して
　モチーフに引き抜く
①モチーフを❶～❺の順に編みつなぐ
38.5cm　　35cm　　38.5cm

ティアラ

（112目）拾う　（20目）拾う（16目）拾う＝○　（111目）拾う　　模様編み
2.5cm（4段）

③モチーフに糸をつけて
　鎖（112目）作り目
❺❹❸4cm❷3.5cm❶
モチーフA　モチーフB
②鎖（111目）作り目して
　モチーフに引き抜く
①モチーフを❶～❺の順に編みつなぐ
40cm　　31cm　　40cm

ファーストクラウン ＆ ティアラ

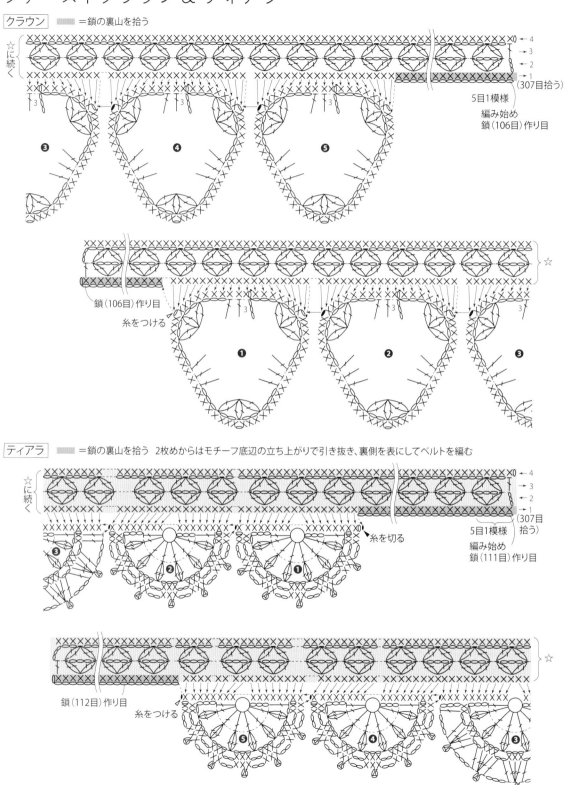

クラウン ▨ =鎖の裏山を拾う

☆に続く

×0 → 4
→ 3
→ 2
1
（307目拾う）

5目1模様

編み始め
鎖（106目）作り目

❸　❹　❺

鎖（106目）作り目
糸をつける

3　3　3

❶　❷　❸

☆

ティアラ ▨ =鎖の裏山を拾う　2枚めからはモチーフ底辺の立ち上がりで引き抜き、裏側を表にしてベルトを編む

☆に続く

×0 → 4
→ 3
→ 2
1
（307目拾う）

5目1模様

編み始め
鎖（111目）作り目

×0 → 糸を切る

❸　❷　❶

鎖（112目）作り目
糸をつける

☆

❺　❹　❸

66

ガーランド ▶ 作品 p.30 （かぎ針）

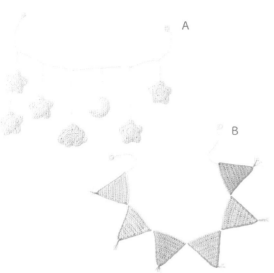

A

B

A ［月］ イエロー 2枚
1段めは鎖の裏山を拾う

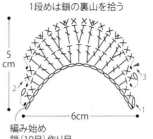

5cm
6cm
2
3
1
編み始め
鎖（19目）作り目

約半分までとじたら
共糸を薄くつめる

モチーフを外表に
重ねて、外側半目を
巻きかがりでとじる

［星］ イエロー 10枚

※まとめ方は月を参照

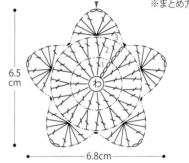

6.5cm
6.8cm
わ
2
3

［雲］ ホワイト 2枚

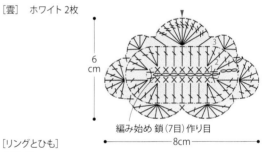

6cm
8cm
1
2
3
編み始め 鎖（7目）作り目

［糸］ A DARUMA カーリーコットン／
イエロー（2）35g、ホワイト（1）15g
B DARUMA レース糸＃20／ピンクベージュ（5）・レモン（12）・
ミント（16）各5g、きなり（2）2g、
ラメのレース糸＃30／ゴールド（1）6g
［針］ A かぎ針5/0号、B かぎ針3/0号
［サイズ］ 図参照

編み方

［星と月のガーランド］
1　モチーフを編んで2枚ずつ外表に合わせ、少量の共糸を詰め
　　て巻きかがりでとじる。
2　リングから続けて鎖編みのひも、反対側のリングを編む。
3　モチーフに糸をつけて寸法にあわせてひもに結びつける。
［フラッグガーランド］
1　フラッグを編み、2枚ずつ外表に合わせて縁編みを編む。
2　リング、鎖30目を編み、1の最終段に引き抜き編みをして
　　6枚編みつなぎ、 続けて鎖30目、リングを編む。
3　フリンジを結びつける。

［リングとひも］
ホワイト

リングの ★ に続ける

リングから続けて
鎖（151目）60cm編む

ホワイトでモチーフ（▼印の目）と
ひもの鎖目に結びつける

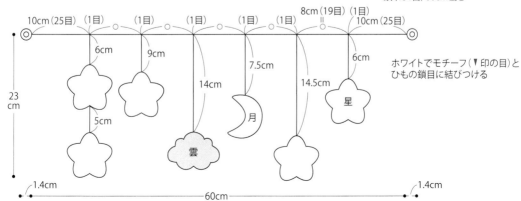

10cm（25目）（1目）　（1目）　（1目）　（1目）（1目）　8cm（19目）（1目）
　　　　　　　　　　　　　　　　　　　　　　＝　10cm（25目）
6cm　9cm　　　　　　　7.5cm　　　14.5cm　6cm
5cm　　　14cm　　月　　　　　星
23cm
雲
1.4cm　　　　　　　　　　　　　　　　　　　　1.4cm
60cm

ガーランド

B ［フラッグ］

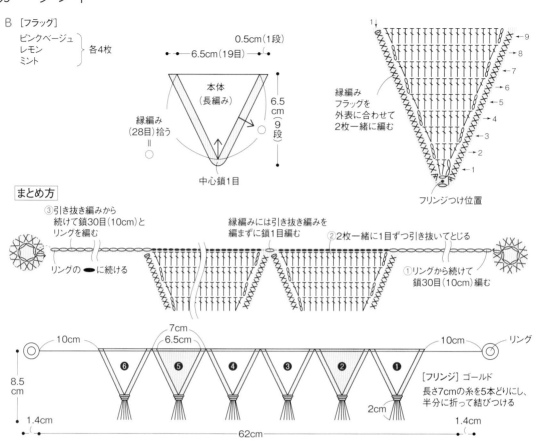

ピンクベージュ
レモン   ｝各4枚
ミント

0.5cm(1段)
6.5cm(19目)

本体
(長編み)

6.5
cm
(9
段)

縁編み
(28目)拾う
＝
○

中心鎖1目

緑編み
フラッグを
外表に合わせて
2枚一緒に編む

フリンジつけ位置

9
8
7
6
5
4
3
2
1

まとめ方

③引き抜き編みから
続けて鎖30目(10cm)と
リングを編む

リングの ● に続ける

緑編みには引き抜き編みを
編まずに鎖1目編む

②2枚一緒に1目ずつ引き抜いてとじる

①リングから続けて
鎖30目(10cm)編む

10cm
7cm
6.5cm
10cm
リング

8.5
cm

❻ ❺ ❹ ❸ ❷ ❶

2cm

1.4cm

［フリンジ］ゴールド
長さ7cmの糸を5本どりにし、
半分に折って結びつける

1.4cm

62cm

C・D ［羽］
※材料等はp.54参照

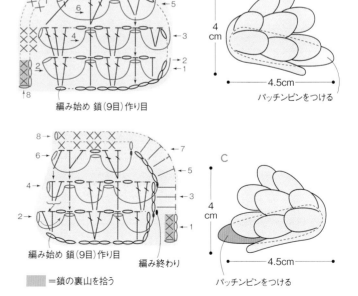

編み方

［羽］
1 モチーフの2、4、6段は編み地を回転
させて、作り目を上にして編む。
2 スチームアイロンで形を整え、パッチ
ンピンに手芸用接着素材で接着してか
ら縫いつける。

── ＝前段の編み目($\bar{\mp}$・$\uparrow$)をそっくり拾って編む

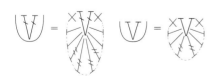

7
5
3
2
1
6
4
2
8

編み始め 鎖(9目)作り目

D

4
cm

4.5cm

パッチンピンをつける

8 0
6
4
2
7
5
3
1

編み始め 鎖(9目)作り目
編み終わり

＝鎖の裏山を拾う

C

4
cm

4.5cm

パッチンピンをつける

鏡餅帽子 ▶ 作品 p.32 かぎ針

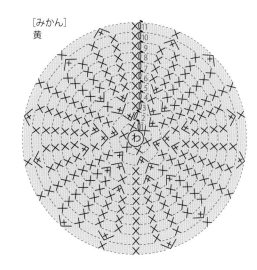

[みかん]
黄

[へた]
みどり

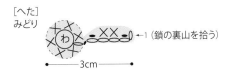

←1 (鎖の裏山を拾う)

●——3cm——●

[糸] ハマナカ わんぱくデニス
白 (1) 125g、 黄色 (43) 5g、
ピンク (5)・みどり (46) 各少々
[針] かぎ針 5/0 号、
[その他] 中わた 適宜
[サイズ] 図参照

編み方

1 本体、内側はトップから底線に向けて編む。みかん、ひも、
　ヘタを編み、ヘタは1段目の目を拾って絞る。

2 本体に中わたをゆるめにつめ、内側の裏側を表にして本体に
　入れ、編み終わりをとじる。

[本体] 1～12段 }（白）
[内側] 1～29段

—— ＝みかんつけ位置

★＝16～28段は増減なし

本体・内側の目数表

段数	目数	増し目数
15～29	84	
14	84	
13	78	
12	72	
11	66	
10	60	
9	54	毎段 +6
8	48	
7	42	
6	36	
5	30	
4	24	
3	18	
2	12	
1	6	

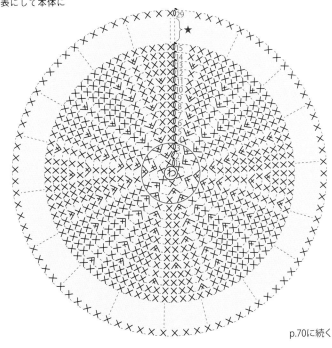

p.70に続く

鏡餅

[本体] 13〜50段　※12段まではp.70参照　▨を6回繰り返して6目ずつ増減して編む

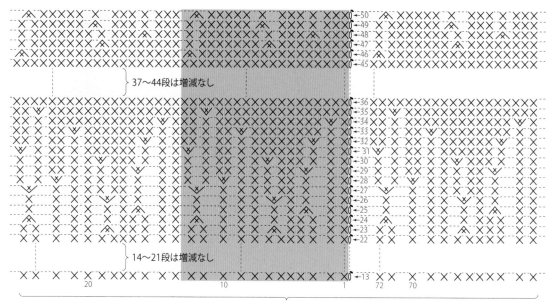

37〜44段は増減なし

14〜21段は増減なし

12段から（72目）拾う

目数表

段数	目数	減目数
50	84	
49	90	毎段+6
48	96	
47	102	
46	108	
36〜45	114	
35	114	
34	108	
33	102	
32	96	
31	90	毎段+6
30	84	
29	78	
28	72	
27	66	
26	60	
25	54	
24	60	毎段-6
23	66	
13〜22	72	

まとめ方

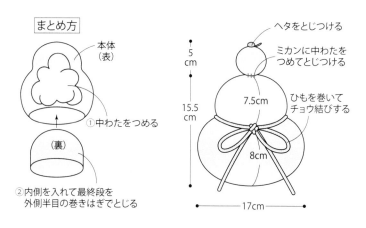

本体（表）

① 中わたをつめる

（裏）

② 内側を入れて最終段を外側半目の巻きはぎでとじる

ヘタをとじつける

ミカンに中わたをつめてとじつける

ひもを巻いてチョウ結びする

5cm

15.5cm

7.5cm

8cm

17cm

[ひも]　白とピンクでスレッドコード（220目）108cm編む

スレッドコードの編み方

糸端

節分コスチューム ▶ 作品 p.34 かぎ針

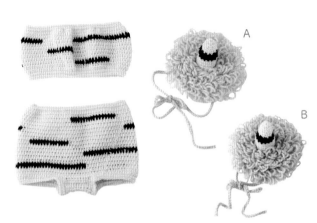

[ツノ] [土台] 前側・後ろ側
A=ピンク　B=紫

前側は X = ⊠ リングこま編み で編む
　　　　X = こま編み
後ろ側はこま編みで編む

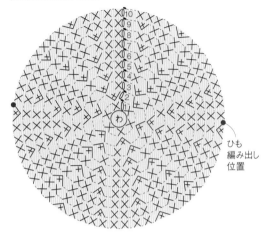

ひも
編み出し
位置

[ツノ本体] A・B　—— =レモンイエロー
　　　　　　　　　　 ▨ =ブラック

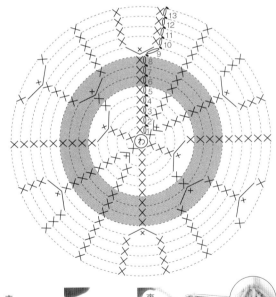

[糸] ハマナカ　わんぱくデニス
胸当て：レモンイエロー（3）38g、ブラック（17）少々
パンツ：レモンイエロー（3）58g、ブラック（17）少々
ツノ：A ピンク（5）28g、レモンイエロー（3）・ブラック（17）各少々
B 薄青紫（49）28g、レモンイエロー（3）・ブラック（17）各少々
[針] かぎ針 5/0 号
[その他] 胸当て：平ゴム 42cm 2 本
パンツ：平ゴム 42cm 1 本、25cm 2 本　ツノ：中わた　適宜
[ゲージ] 胸当て&パンツ：中長編み 17 目、12 段 =10cm
[サイズ] 図参照

＼ 編み方 ／

[胸当て&パンツ]
1　編み込み模様の配色糸の替え方は写真を参照して編む。平
　　ゴムは 1cm 重ねて縫い止めてわにし、縁編みで編みくるむ。
[ツノ]
1　前側は 3 段目まではこま編み 4 段目からはリングこま編みで
　　編む。
2　後ろ側をこま編みで編み、前側と合わせて 2 枚一緒に引き
　　抜き編みを編んでとじ、ひもを編み出す。
3　ツノに中わたをつめて前側にとじつける。

◀ ツノ土台のリング細編みの編み方

表

1　編み地の裏側で必要なルー
　プの大きさに合わせて、指
　に糸をかける。

裏

2　1 を裏から見たところ。

表

3　矢印のように針をかけ、裏
　側ではループを残したまま
　細編みを編む。

裏

4　リング細編みが編めたとこ
　ろ。裏側では、右上写真の
　ようにループが編めている
　状態になる。

節分コスチューム

まとめ方

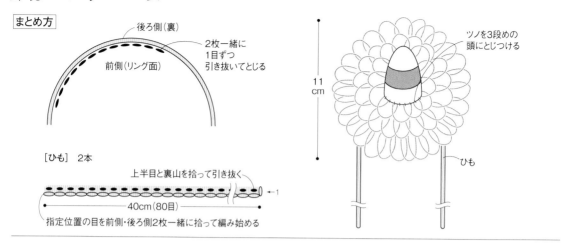

後ろ側(裏)

前側(リング面)

2枚一緒に
1目ずつ
引き抜いてとじる

ツノを3段めの
頭にとじつける

11
cm

ひも

[ひも] 2本

上半目と裏山を拾って引き抜く

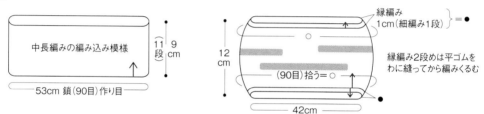

←1

40cm(80目)

指定位置の目を前側・後ろ側2枚一緒に拾って編み始める

[胸当て]

中長編みの編み込み模様

11
段

9
cm

53cm 鎖(90目)作り目

縁編み
1cm(細編み1段) }=●

12
cm

(90目)拾う=○

42cm

縁編み2段めは平ゴムを
わに縫ってから編みくるむ

[パンツ]

中長編みの編み込み模様

10cm
(17目)　6.5cm
(11目)　10.5cm
(18目)　10cm
(17目)　6.5cm
(11目)　10.5cm
(18目)

5cm(6段)

(9目)
○印の11目と巻きはぎでとじる

6.5cm(11目)

27cm(46目)　27cm(46目)

54cm(92目)作り目

42cm

縁編み
1cm
(細編み1段)

14
cm
(17
段)

(90目)拾う=○

16.5
cm

(48目)拾う

縁編み
1.5cm
(中長編み1段)
(細編み1段)

○印の目をとじる

縁編み2段めは平ゴムを
わに縫ってから編みくるむ

 配色糸のかえ方

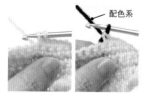
配色系

1 糸をかえる目の前の目を完成させるときに、次の目の配色糸で編む。

2 配色糸で1目編めたところ。

3 元の色に戻すときは、配色の最後の目を完成させずに地糸に持ちかえて最後の目を完成させる。

4 地糸に戻ったところ。

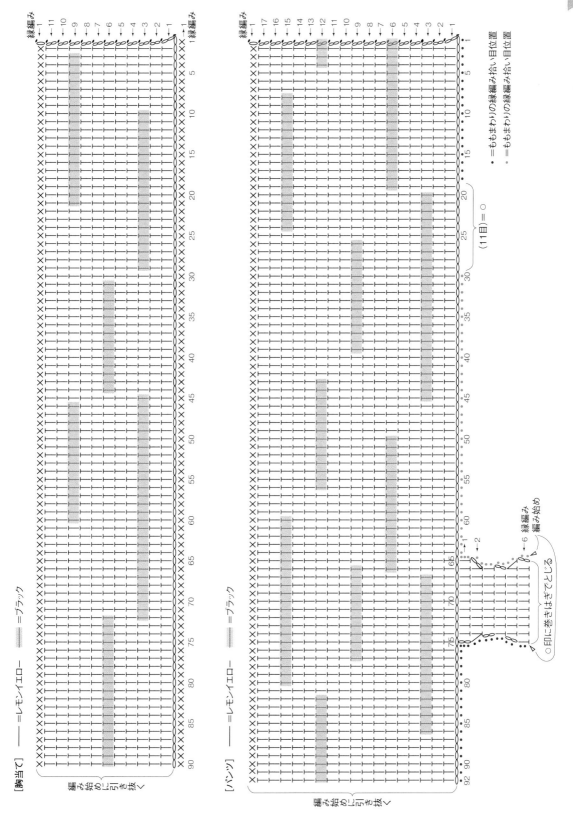

バースデーケーキ、パーティー帽ピン　▶作品　p.28　かぎ針

[糸] バースデーケーキ：ハマナカ　ポームリリー
《フルーツ染》／洋なし（501）55g、
レモン（503）10g、ぶどう（506）少々、
ハマナカ　ポーム　ベビーカラー／レッド（303）少々
パーティー帽ピン：ハマナカ　アメリー／紫（43）9g、
薄紫（42）4g
[針] バースデーケーキ・パーティー帽ピン　かぎ針5/0号、
[その他] 中わた35g、5cmのパッチンピン、
中わた少々、厚紙
[ゲージ] こま編み　バースデーケーキ：21.5目、25.5段
パーティー帽ピン：25目、25段
[サイズ] 図参照

編み方

[バースデーケーキ]
1　本体は底から編み始め、側面、トップと立ち上がりなしで
わに編む。編み終わりから中わたをつめ、最終段の目の外
側半目を拾ってしぼり、クリームを編みつける。
2　イチゴ、ラズベリーを編み、共糸をつめてまとめ、本体に
とじつける。

[パーティー帽ピン]
1　本体と底を編む。2枚を合わせて、紫の糸で引き抜き編み
で1目ずつ2枚一緒に編み、半分ぐらいまでとじてから中
わたをつめ、残りをとじる。
2　ポンポンを作ってトップにとじつけ、底にパッチンピンを
縫いつける。

ケーキ　[クリーム] オフホワイト

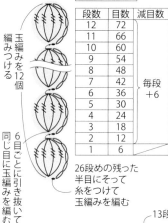

玉編みを12個編みつける

6目ごとに引き抜いて同じ目に玉編みを編む

26段めの残った半目にそって糸をつけて玉編みを編む

底の目数表

段数	目数	減目数
12	72	
11	66	
10	60	
9	54	
8	48	
7	42	毎段
6	36	+6
5	30	
4	24	
3	18	
2	12	
1	6	

側面・トップの目数表

段数	目数	減目数
37	6	
36	12	
35	18	
34	24	
33	30	
32	36	毎段
31	42	−6
30	45	
29	54	
28	60	
27	66	
14〜26	72	
13	72	

13段め（★）に続ける

[ケーキ本体]

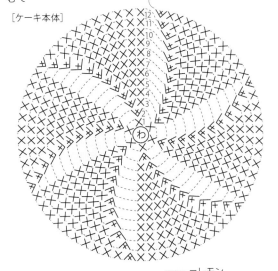

わ

[側面] 13〜26段　[トップ] 27〜37段

編み終わり

―――＝レモン
――・――＝洋なし

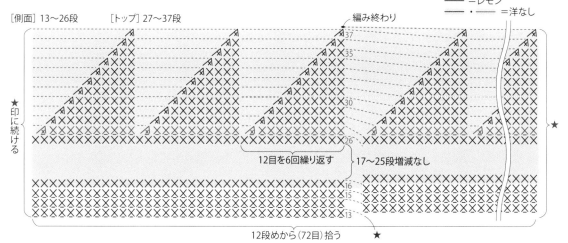

★印に続ける

12目を6回繰り返す　17〜25段増減なし

12段めから（72目）拾う　★

74

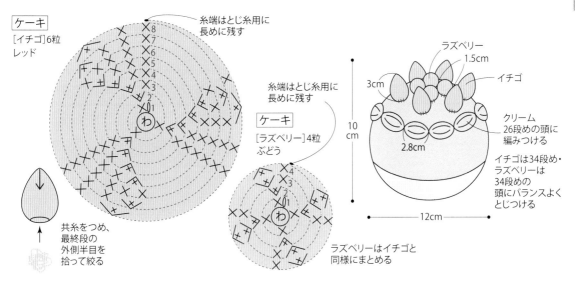

ケーキ
[イチゴ]6粒
レッド

糸端はとじ糸用に長めに残す

糸端はとじ糸用に長めに残す

ケーキ
[ラズベリー]4粒
ぶどう

共糸をつめ、最終段の外側半目を拾って絞る

ラズベリーはイチゴと同様にまとめる

ラズベリー
1.5cm
3cm
イチゴ
10cm
クリーム
26段めの頭に編みつける
2.8cm
イチゴは34段め・ラズベリーは34段めの頭にバランスよくとじつける
12cm

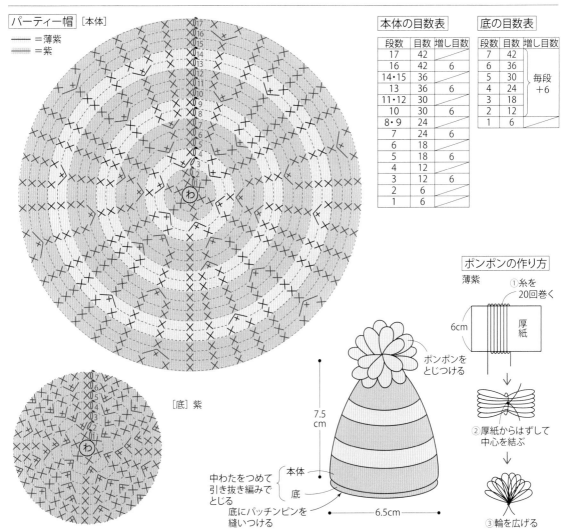

パーティー帽 [本体]
━━＝薄紫
▨＝紫

本体の目数表

段数	目数	増し目数
17	42	
16	42	6
14・15	36	
13	36	6
11・12	30	
10	30	6
8・9	24	
7	24	6
6	18	
5	18	6
4	12	
3	12	6
2	6	
1	6	

底の目数表

段数	目数	増し目数
7	42	
6	36	毎段+6
5	30	
4	24	
3	18	
2	12	
1	6	

[底] 紫

ポンポンの作り方
薄紫
①糸を20回巻く
6cm 厚紙
②厚紙からはずして中心を結ぶ
③輪を広げる

ポンポンをとじつける
本体
底
7.5cm
中わたをつめて引き抜き編みでとじる
底にパッチンピンを縫いつける
6.5cm

かぎ針編みの記号

鎖編み

引き抜き編み

細編み

中長編み

長編み

長々編み

三つ巻き長編み

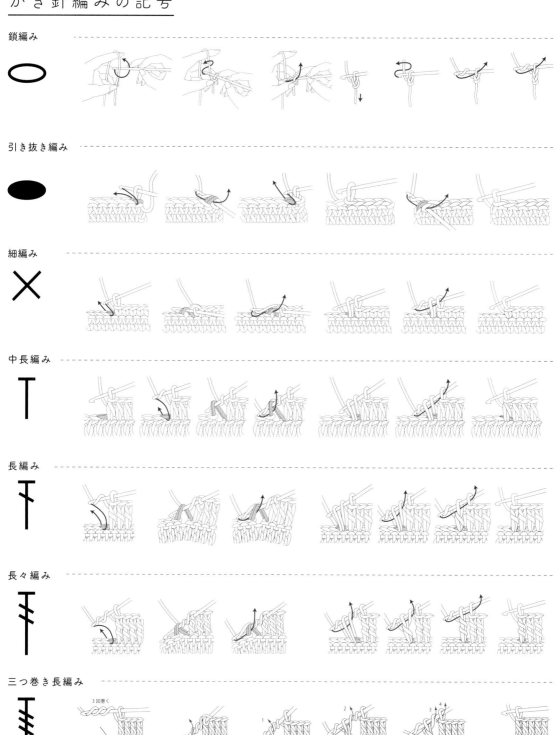

すじ編み

細編み2目編み入れる　　　　　　　　　　　　　長編み2目編み入れる

細編み2目一度

長編み2目一度

長編みの表引き上げ編み

長編みの裏引き上げ編み

長編み3目の玉編み

巻きはぎ

巻きかがり

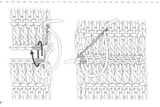

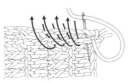 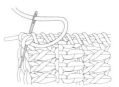

引き抜きはぎ

すくいとじ

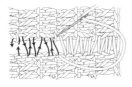

棒針編みの記号

表編み

裏編み

かけ目 --

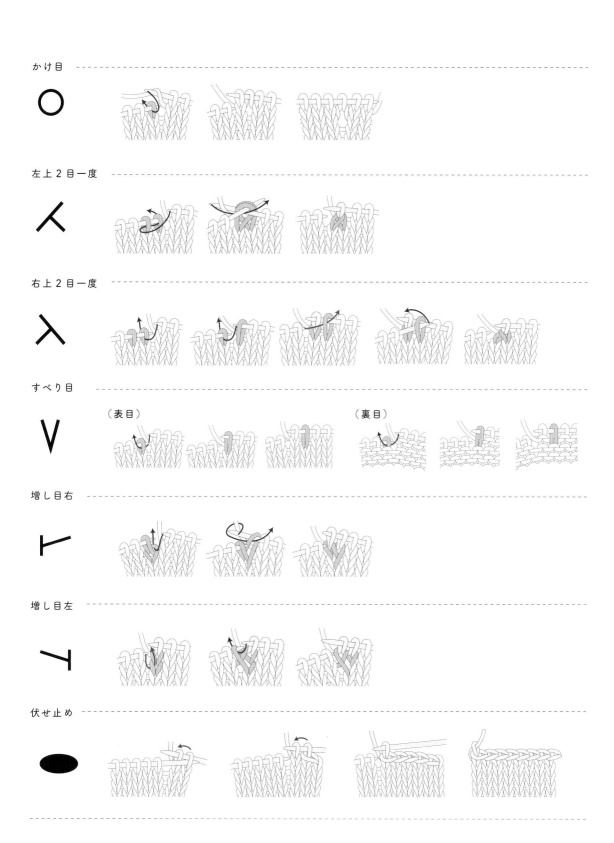

左上2目一度 --

右上2目一度 --

すべり目 --

（表目）　　　　　　　　　　　　　　　（裏目）

増し目右 --

増し目左 --

伏せ止め --

［作品デザイン・制作］
blanco　Instagram：@blanco_knit
coral　岡崎優菜　Instagram：@coral.1213
macaroni　Instagram：@macaroni_amimn
petit edel　捧　京子　Instagram：@petit_edel
アンデルヨン　Instagram：@anderuyon_
髙際有希　Instagram：@yuki_takagiwa
Riri　Instagram：@mennnnmi

［Model］
レイナ・エー
ハンゾウ・ベハルノ
アナ・マエストラ
ミイナ・オルソン

［Staff］
編集　　　　　　風間　拓
ブックデザイン　近藤みどり
撮影　　　　　　北原千恵美
　　　　　　　　天野憲仁
　　　　　　　　（日本文芸社）
スタイリング　　露木　藍
作り方解説　　　佐々木初枝
トレース　　　　小池百合穂
プロセス解説　　奥住玲子
校正　　　　　　ミドリノクマ

［素材協力］
ハマナカ株式会社
〒 616-8585　京都府京都市右京区花園藪ノ下町 2 番地の 3
TEL 075-463-5151
http://www.hamanaka.co.jp/

横田株式会社・DARUMA
〒 541-0058　大阪府大阪市中央区南久宝寺町 2-5-14
TEL 06-6251-2183
http://www.daruma-ito.co.jp/

デイリー＆アニバーサリーの
ベビーニットこもの

2023 年 7 月 1 日　第 1 刷発行

編　者　日本文芸社
発行者　吉田芳史
印刷所　株式会社光邦
製本所　株式会社光邦
発行所　株式会社 日本文芸社
　　　　〒 100-0003　東京都千代田区一ツ橋 1-1-1
　　　　パレスサイドビル 8F
　　　　TEL 03-5224-6460 （代表）

内容に関するお問い合わせは、
小社ウェブサイト お問い合わせフォームまでお願いいたします。
URL https://www.nihonbungeisha.co.jp/

Printed in Japan　112230621-112230621 Ⓝ 01 （201103）
ISBN978-4-537-22115-2
©NIHONBUNGEISHA 2023
編集担当　和田